全民阅读·经典小丛书

冯慧娟 ◎ 编

失落的文明

吉林出版集团股份有限公司

版权所有　侵权必究

图书在版编目（CIP）数据

失落的文明 / 冯慧娟编. —长春：吉林出版集团股份有限公司，2015.6
（全民阅读. 经典小丛书）
ISBN 978-7-5534-7778-7

Ⅰ.①失… Ⅱ.①冯… Ⅲ.①世界史–文化史 Ⅳ.①K103

中国版本图书馆 CIP 数据核字 (2015) 第 128369 号

SHILUO DE WENMING

失落的文明

作　　者：	冯慧娟　编
出版策划：	孙　昶
选题策划：	冯子龙
责任编辑：	于媛媛
排　　版：	新华智品
出　　版：	吉林出版集团股份有限公司
	（长春市福祉大路 5788 号，邮政编码：130118）
发　　行：	吉林出版集团译文图书经营有限公司
	（http://shop34896900.taobao.com）
电　　话：	总编办 0431-81629909　　营销部 0431-81629880 / 81629881
印　　刷：	北京一鑫印务有限责任公司
开　　本：	640mm × 940mm 1/16
印　　张：	10
字　　数：	130 千字
版　　次：	2015 年 10 月第 1 版
印　　次：	2019 年 6 月第 3 次印刷
书　　号：	ISBN 978-7-5534-7778-7
定　　价：	32.00 元

印装错误请与承印厂联系　　电话：18611383393

前言 | FOREWORD

　　在几百万年里，人类先祖们在与自然环境斗争与共存的过程中，创造了辉煌灿烂的古代文明。可是人类有文字记载的历史只有5000多年，更多的文明与历史，在时间的洪流中被逐渐吞蚀。直到几千年后，那些湮没在密林和荒漠深处的远古文明遗迹才被人们重新发现。但是由于文字记载的缺失，人们面对这些雄伟而神秘的遗迹，往往只剩下了惊叹和迷惑。那些远古先民创造的繁华，也就成了"失落的文明"。

　　本书精选欧洲、亚洲和非洲的著名远古文明遗迹，参考最新的考古研究成果，力求透过遗址、遗迹、文物，全方位地还原远古文明面貌，再现古人的社会与生活，为广大读者掀开失落的历史章节。

目录 CONTENTS

第一章 亚洲

哈拉帕文明：被遗忘在印度河谷 ·················· 010
    重现忘却的繁华 ·················· 010
    遭到破坏的遗址 ·················· 011
    哈拉帕文明的出现 ·················· 013
    合理规范的城市规划 ·················· 014
    生活在"清洁时代" ·················· 019
    "史前核爆炸"般的消亡 ·················· 022

赫梯文明：消失3000年的铁血帝国 …………… 027
　　70年的探索，秘密大门终开启 ………… 027
　　王者的国度，征战的历史 ……………… 033
　　独特而辉煌的文化印记 ………………… 039
　　突然而至的覆灭之灾 …………………… 045

楼兰古城：消散于大漠中的丝路重镇 ………… 049
　　一把幸运铁铲带出一个失落古城 ……… 049
　　丝绸之路上显赫一时的古城 …………… 053
　　东西方融汇的"绿洲文明" ……………… 058
　　神秘的消失，多方的推测 ……………… 063

第二章 欧洲

庞贝古城：历史在瞬间凝固 …………………… 070
　　以掠夺开始的发掘 ……………………… 070
　　火山灰保存下的城市遗迹 ……………… 074
　　终结一切的18小时 …………………… 077
　　庞贝人，在毁灭中获得永生 …………… 079

目录 CONTENTS

第三章 美洲

奥尔梅克文明：遗失在森林中的远古记忆 …… 086
  丛林深处的巨石头像 …………………… 086
  轮廓模糊的历史 ………………………… 091
  艺术与文化成就 ………………………… 091
  奥尔梅克人源自何方 …………………… 095

玛雅文明：戛然而止的文明音韵 …………… 099
  玛雅文明的毁灭与重现 ………………… 099
  几千年间的兴盛与衰落 ………………… 104

高度的文明与费解的谜团 …………… 110
　　弃城之谜何时能解 …………………… 113

特奥蒂瓦坎："众神之城"的迷离消亡 ……… 115
　　"圣城"建造者的不解之谜 ………… 115
　　走入黄泉大道 ………………………… 116
　　金字塔和神庙 ………………………… 119
　　绚烂归于沉寂，留下千古之谜 ……… 122

阿兹特克文明：辉煌而血腥的奇特文化 ……… 124
　　从记忆中复苏的伟大帝国 …………… 124
　　从蛮荒部落到繁华之都 ……………… 127
　　人祭、战争、奇特的信仰 …………… 130
　　石刻艺术与文明成就 ………………… 132
　　阿兹特克的毁灭 ……………………… 135

印加文明："太阳的子孙"创造的璀璨文化 … 139
　　"美洲罗马"的扩张 ………………… 139
　　消逝在云雾之中的城市——马丘比丘 …… 144
　　发达的社会文化，谜样的建筑艺术 ……… 148
　　奇普——隐藏在绳结中的印加"文字" … 156

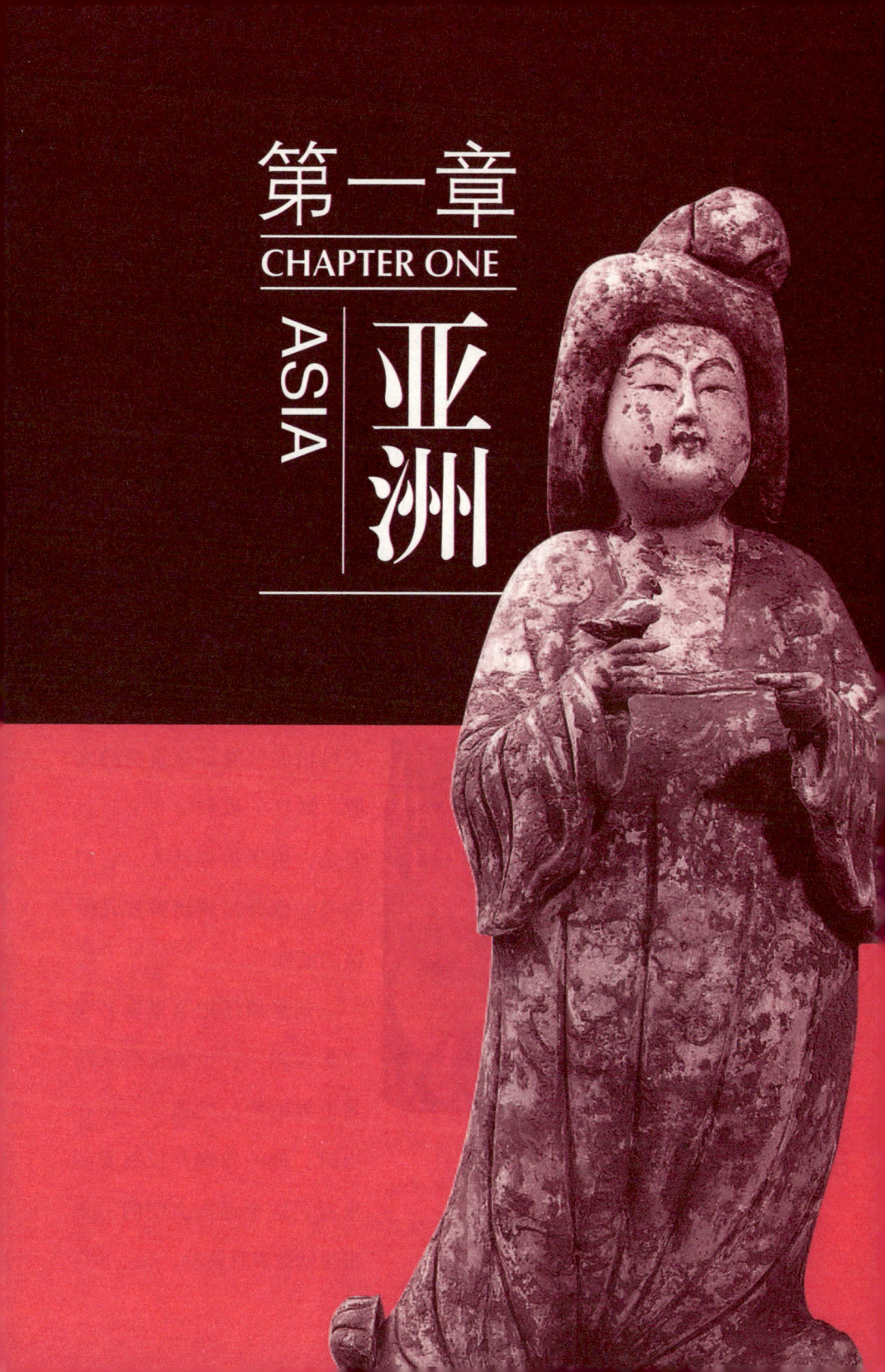

第一章
CHAPTER ONE
亚洲
ASIA

哈拉帕文明：
被遗忘在印度河谷

重现忘却的繁华

19世纪初，在印度这个古老的国度，英国政府正忙着侵略和征服，但东印度公司军队里一个名叫詹姆斯·刘易斯的逃兵却忙着游历和探险。他生性散漫，对镇压印度人没兴趣，却热衷于漂泊的生活。

1826年，四处漫游的刘易斯偶然间来到了一片山丘上（今天巴基斯坦的旁遮普地区），看到了一片古城废墟。他在自己的日记里生动地描述了遗迹的风光：占据遗址的主要是"一片坍塌的砖石城堡"，以及"一块不规则的多岩石的高地，高地的顶端覆盖着断壁残垣和东方风格的壁龛等建筑物的废墟。城堡的墙和塔非常高，但是，由于被弃已久，它们的某些部分显现出被岁月侵蚀的痕迹"。

刘易斯还把这里取名叫"哈拉帕"，也就是后来闻名世界的哈拉帕遗址，但在当时，他的发现并没有受到重视，这个远古文明的一角很快就被岁月湮没。

出土于摩亨约·达罗遗址的独角兽印章，上面的古印度文字至今还未被破译。独角兽形象在哈拉帕印章中极其常见。

19世纪中叶,印度考古研究院的院长亚历山大·康宁翰,在看到日记后曾循着刘易斯的足迹,对哈拉帕遗址进行过挖掘,但遗址已遭到了严重的破坏,挖掘工作进行得很艰难,最终被迫中止。

康宁翰数年的辛勤,获得的最有价值的文物是一面奇特的印章:印章用黑色皂石制成,上面刻着一头公牛,但它没有印度瘤牛特有的肉峰,图案的周围有六个难解的文字图形。鉴于印章上动物的异域外观以及那些迥异于印度本土梵文的奇怪文字,康宁翰认为这不过是来自外邦的物品。据此,他只写了个简单的报告后,便几乎不再关注哈拉帕。而在此后的50年岁月里,再也无人注意过这座神秘的古城遗址。

遭到破坏的遗址

亚历山大·康宁翰在历史上曾两度造访哈拉帕遗址,他第一次探寻遗址时所看到的景象与刘易斯描述的大体相同,但当他重访遗址时,

哈拉帕遗址

却再也无法找到城堡的任何遗迹。当时,拉合尔—穆尔坦铁路正处于修建阶段,很多为铁路线铺轨的工人都将哈拉帕遗址中制作考究的砖块掠来用作路基的道砟,造成了巨大的人为损失。而后,这座古迹再度被人们所遗忘,一直被用作采石场,许多建筑很早被挖掘出来并遭到破坏。虽然在20世纪初获得了应有的地位,但曾经被破坏的遗迹再也无法修复。

1914年,一支由古典学者兼考古学家约翰·马歇尔率领的考古队进驻哈拉帕,发起了对该遗址的正式勘查。但它们的工作回报仍是少得可怜,直到1919年,考古学家拉·杰·班纳吉在搜索印度河南部沿岸的干旱荒地时,在距哈拉帕以南约600千米英里、一个叫摩亨约·达罗的地方发现了一座古代佛塔。放眼看去,佛塔的周围是一堆堆破碎的砖头,像是一个繁华大都市的遗迹。

班纳吉等人对此进行了试挖掘,结果显示在佛塔下面存在着四个不同的沉积层,从最上层发现的钱币可以确定该层的年代为公元2世纪,而在靠下的沉积层中,班纳吉发掘出一些雕刻的铜器和三枚烧制的皂石印章,一枚印章上带有一头独角兽的图案,三个印章上都刻有相同的奇怪文字。

这时,班纳吉立即想起康宁翰发现的那枚哈拉帕印章,它也是在一座古老的砖石城中发现的,这两座城市之间会有某种关联吗?他们将出自两个城市的印章进行比较后发现,"很明显,来自两处的考古发现属于相同的文化时期,在年代上也几乎相同,它们完全不同于我们以前所知的印度的任何东西"。

最使考古学家感到震惊的是,这两座城市实在是太古老了,它们最初的建设始于公元前2500年,将人们原来所了解的古印度文明向前推进了整整1000年。

哈拉帕文明的出现

在20世纪以前，对于印度次大陆文明的开端，人们一直是从印度—雅利安人进入印度河流域时算起的。这是因为雅利安人到达印度后，留下了关于他们活动的文字记录，印度次大陆才开始有了文字记载的历史。《吠陀本集》是印度最早的文献，也是世界上最古老的文献之一，学者们因此称这一时代为"吠陀时代"。可是，当人们读到《吠陀本集》时，又常常发现，雅利安人进入印度河流域后，曾与原始居民进行过无数次剧烈的战斗，并摧毁了他们的许多城堡。那么，人们不由联想到，在雅利安人到达次大陆之前，这里一定有过居民、城堡和高度发达的文化。

摩亨约·达罗和哈拉帕这两座被尘土掩埋、沉睡了几千年的古城遗址破土而出，彻底改变了人们对古代印度历史的看法，从此，印度河河谷文明被公认为古代世界主要文明之一，并与埃及和美索不达米亚文明相提并论。到目前为止，哈拉帕文明的代表性遗址就是哈拉帕和摩亨约·达罗，前者位于今天巴基斯坦旁遮普地区印度河主要支流拉维河东岸，后者位于今天巴基斯坦信德省拉尔卡纳县境内的印度河畔。此外，还有一些小城市遗址，如卡利班根、洛塔尔、苏尔戈德，都在今天的印度境内。

1927年出土于摩亨约·达罗的人物石像，高7.5英寸，左肩上披着饰有三叶形花纹的袍子，神态庄严。

哈帕拉文明的起止时间，据碳14

测年法的测定，中心地区（哈拉帕和摩亨约·达罗等）约为公元前2500—前2000年，周边地区约为公元前2200—前1700年。之后，印度河流域的文明之光便熄灭了，直到公元前1500年左右，另一种文明——雅利安文明才在印度重新兴起。

哈拉帕文明被发现后，关于其起源问题在考古学界引起了激烈的争论，目前主要有两种说法：其一认为该文化起源于西亚，特别是伊朗，经俾路支和阿富汗抵达印度河平原；其二则认为是从前哈拉帕文化发展而来的，当中存在着西亚影响。

摩亨约·达罗出土的青铜舞女

至于哈拉帕文明的创造者，一般认为是达罗毗荼人；但也有学者推测是两河流域的苏美尔人创造的，苏美尔人于公元前3000年代中期扩张到印度河流域，建立了一些城市国家；还有的学者认为，创造者是来自伊朗地区的雅利安人或《吠陀本集》等文献中所载的其他民族。

合理规范的城市规划

全城明显分为卫城和下城两大部分，卫城建在较高的山冈上，四周围以砖墙，有深壕环绕，且在道旁建有塔楼。城中有座高高的土堆，是一处巨大的用砖搭起来的平台，尽管它的实际用途人们至今无法弄清，但可以明显地看出来，它应该是举行重大活动的场所，不是为百姓日常生活而建造的。

"土堆"旁边有一座长12米、宽7米、深2.5米的蓄水池，是用泥砖和灰泥仔细修建的，现在人们一般将这座建筑称为"大浴室"。它由

哈拉帕时代的牛车模型 由两头公牛驾车，一个运送储物罐的驾车人坐在上面。它和至今仍在印度和巴基斯坦使用的牛车有着惊人的相似。

一个专门的大水井供水，用过的水可顺西南角的排水沟放出；南北两头各有一台阶，人们可以沿台阶而下；四周有走廊，连接着8个小浴室，每个浴室内都有上下水道。至于大浴室是用于世俗目的，还是兼有宗教用途，至今说法不一，不过从附近发现寺庙遗迹看，它很可能与宗教仪式有关，是供祭司贵族净身沐浴的。

与大浴室毗邻的是一座更为奇怪的建筑，总面积为2035平方米，已发现实心砖石砌墩座27个，以每行9墩分3行排列，各行之间留有1米宽的过道。人们现在把它称为"粮仓"，但这只是考古学家们的一种揣测。如果它真的是一个庞大的粮仓，无疑显示了这个城市当时的富足。但是，装满大粮仓的谷物又是怎样征集来的呢？

另一巨大建筑的遗址，其占地已超过750平方米，上有20个巨大窑砖砌成的方柱，这些柱子分为四排。因为这样的设计适合大批群众的聚集，所以现在被人们称为"会馆"。从卫城的建筑看来，这里是城市国家的统治中心。

摩亨约·达罗的现代危机

摩亨约·达罗自20世纪20年代挖掘工作开始以来，城中30%裸露的废墟已经坍塌，大都是被遍布在砖上的盐毁坏的。目前，城市的多处地基位于水平面之下，埋在地下的部分吸收含盐的水，而水在上层变干时，结晶的盐便会在砖上扩张，使砖出现裂缝，最终化为齑粉。20世纪60年代，巴基斯坦开始采取一系列措施挽救这座遗址：一项暂停挖掘的法令首先生效；到20世纪90年代早期，水文学家在遗址周围已经安装了超过24个水泵，把水引进环城的运河里，以降低水平面；用涂了沥青的砖和混凝土做成的防水层被插进墙体，以延缓水向上流；还给城墙涂上了黏土和稻草，使盐在这一柔软的表面上结晶，从而保护了下面的砖。

城市的下城是商业、手工业和住宅区，街道呈东西向或南北向垂直相交，把下城分割成一些街区，其中一条主要的街道，可以并排行走9辆大车。每个街区中又分布着小巷，也呈东西向或南北向，与大

摩亨约·达罗遗址俯瞰图

哈拉帕城市复原图

街的道路相交叉，构成了一套有序的交通网络。

有趣的是，为了不影响行人视线，街道十字路口的房屋墙壁均呈半圆形；街道上每隔一段路设有一个路灯杆；街道两旁建筑物的窗户全朝院内开，临街仅见房屋的墙壁，显得十分整齐。

城市住宅的设计风格基本相同，但大小不一：大的住宅是二三层的楼房，有开阔的庭院和水井；小的住宅仅有一两间房间，有的甚至是简陋的茅草房。但让人难以置信的是，城内几乎所有建筑都是由火砖砌成的，而在其他古代文明中，砖块向来只用于王宫及神殿的建筑。

哈拉帕的规模和结构，与摩亨约·达罗几乎完全一样，但在许多细节上又有所不同：其最宏大的建筑是港口，似乎这是个贸易发达的商业城市；在谷仓附近发现有一些冶金炉和工人的工棚，据估计可以容纳数百名雇工和奴隶居住，而在摩亨约·达罗却未见有如此的记载。

摩亨约·达罗和哈拉帕的城市建筑反映了当时社会的状况：卫城的城墙和办公用房，表明统治权力的存在和凌驾于普通劳动者之上的国

摩亨约·达罗遗址

家机构已经形成；住宅的差别，反映了居民贫富的分化和阶级对立的存在。这一时期的城市国家，无疑是建立在阶级对立基础之上的。

然而，令人诧异的是，当考古学家按照考察古迹的惯例，在摩亨约·达罗和哈拉帕寻找王宫和神殿时却一无所获——既没有发现像古代两河流域或者古代埃及那样的王陵，也没有特别富丽堂皇的宫殿遗址。这跟当时其他的文明古国相比，是大异于常的。

一个谜题因而产生：是什么人、用什么样的方法来统治这块辽阔的国土？因为没有神殿，能不能用其他古文明中的例子——古印加、美索不达米亚、古埃及的国王同时兼任法老或祭司王来推测统治者呢？但所有遗址中又确实没有发现祭司王统治的痕迹，难道5000多年前的印度河文明已经废弃了君主制？从遗址所反映的情况来看，虽然当时印度已存在明显的阶级分化，但哈拉帕文明可能还没有形成至高无上的王权。不过，他们很可能已经组建了军队，因为在遗址中发现了一些用于战斗的武器和一些类似军营的建筑。

生活在"清洁时代"

　　最令考古学家惊异的是,这两座古老城市里的居民可能是古代最讲究卫生的民族,其公共卫生设施、洗浴设施和讲究洁净的程度令现代人都感到惊讶不已,其供水、排水系统的完善程度更是连现今世界上数一数二的大都市也未必能达到。

　　城中到处都是水井,几乎每一个住屋都有自备水井,每条巷道都有一口公共水井;每户每家居民都设有浴室和便所,浴室的地面不漏水,并有坡度使水流向一个角落,通过管道流入室外的水道中,冲洗式便所的水可经由墙壁中的土管排至下水管道;城中各处都铺设了下水管道并挖掘了排水渠,渠上用砖或石板做顶盖,从各家流出的污水可在屋外蓄

1925年挖掘出土的"大浴池"。为了防止透水,水池的砖墙砌得非常紧密。

水槽内沉淀污物后再流入地下水道。考古学家在哈拉帕城曾发现了一段上有高约1.5米弓形顶的下水管道。

城里还建有公用的垃圾道用来排放垃圾，每户住宅也都有特制的垃圾滑运道，直接与地下的下水道相接。在城中还有很多的蹲式厕所，以砖砌成，坚固整齐，并建有排除粪便的水槽，可直接将污物冲入下水道。这种健全的公用卫生设施，就连当代许多不发达国家和地区的城市也望尘莫及。这个时代因此被考古学家们称为"清洁时代"。

摩亨约·达罗的排水系统

通过对遗址的挖掘，人们还发现，哈拉帕人的生活内容相当丰富：吃的是肉、鱼、面包、饼、蔬菜、水果、牛奶等；穿的是棉布和毛织品，并且注重打扮、装饰；日常用具有碾谷石磨、擦肉具、制饼模

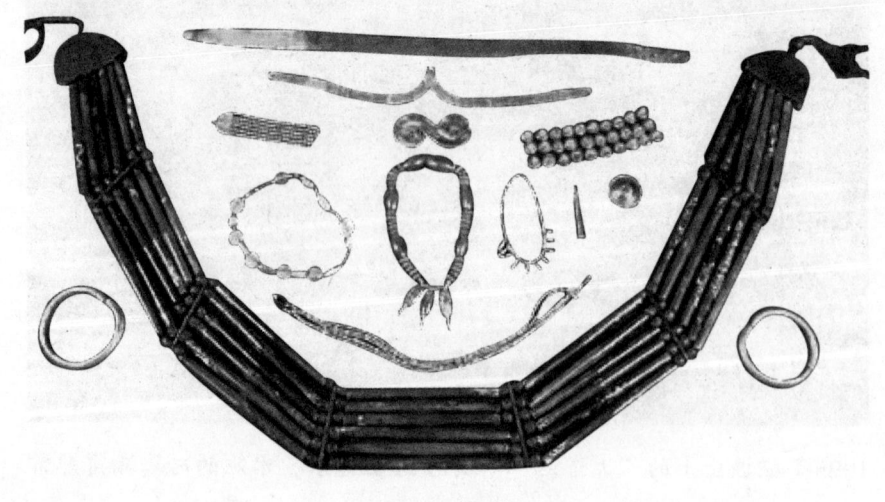

哈拉帕金饰

出土于哈拉帕晚期墓葬中的陪葬陶器

子、烘面包的炉子、做菜的锅、过滤的穿孔陶器、盛放食物和饮料的碗、盘等，还有照明的灯、烧香的炉；娱乐方式也是多种多样，各种骰子、棋盘、手鼓、响板、竖琴、七弦琴等均有出土。

此外，当时的手工艺者也已掌握了相当高的手工技巧，不但制作出大量的精细陶器，还制作了许多富有特色的商品，如金属工具和武器，用贝壳做成的镯子，用珠子穿成的项链等。哈拉帕的雕塑艺术也很有特色，如摩亨约·达罗出土的祭司石雕像和青铜雕像"裸体舞女"，以及哈拉帕的一座裸体男雕像，都表现出相当高的工艺制作水平。

在遗址中还发现了一些精制的铜质天平，以及众多由象牙和彩色小石块制成的砝码，说明印度河流域已有一套完善的计量制度，说明各地之间有广泛的经济往来。

在发掘中，最值得关注的是许多冻石刻制的印章。据推测，当时的每个家庭好像都有自己的印章。印章上的图案大多是公牛、犀牛、大象、水牛、羚羊、独角兽等一些动物，图案的上方则是一种陌生而独特的文字。考古学家还相继发现了上百处碑刻，以及一些陶器、铜器和用石头、贝壳或者象牙做成的物品，在这些物品上，都可以看到一些简短的文字。

古文字学家们研究了这种文字，发现它用四百多个不同的符号来代表音节和完整的词，一般按从右到左的方式书写，但每换一行书写方式就变换一次方向，说明其文明已进入了很高的阶段。这种文字与人们所熟知的古印度梵文完全不同，与世界上的其他文字也都不一致，所以至今还没有释读成功，以致人们不能了解这些文字所反映的社会内容。

高度发达的公共设施、寻觅无着的王宫神殿、难以解读的远古文字，这一切，使得人们不仅为印度河流域文明所取得的伟大成就而入迷，也为这样一个文明留下来的万千谜题而着魔。这也许就是这个伟大文明的最诱人之处吧。

"史前核爆炸"般的消亡

尽管哈拉帕文明渊源悠久，但在古印度的所有典籍和传记，包括最古老的《吠陀本集》之中，却从来都没有提到过这种文化及两座中心城市。有些考古学家认为，这只有一个解释，就是这两座城市的文化在这些典籍的撰写之前很久就已经不存在了。

那么，究竟是什么原因导致了两座城市的突然消亡，乃至整个印度河文明的毁灭？为什么印度历史在此处发生了"断裂"？这是世人最为关心的问题，也是考古学家不断推测和研究的课题。

有人认为，印度河河水孕育出来的文明，是依赖于河岸居民不断的抗洪才发展壮大的，但是，一次强烈的地震却引发了印度河大面积的洪水泛滥，导致城市毁灭。然而，这种说法存在的问题是：洪水泛滥可以用来解释某一个或者若干个城市的毁灭，却不能用来解释由数座城市和众多村镇组成的整个印度河文明的消亡。因此这种说法不能令人信服。

而由气象学家、植物学家、地质学家等自然科学家组成的自然环境发展变化研究小组则提出：环境恶化是导致印度河文明衰亡的原因。当时，人口的不断增加以及过度的开荒，造成了严重的水土流失，气候干旱少雨，而生产力又比较低下，人们为了生存必须迁移，由此遗弃了两座城市及其附近村镇。

哈拉帕出土的妇女陶像

但这种说法也存在着疑点：环境恶化是一个渐进的过程，它应留下明显的痕迹；再者，印度河文明通过迁徙只会在别处继续发展下来，但我们很难发现后来的印度文明与这一时期的文明存在延续和共同之处。

近年来，英国学者捷文鲍尔特和意大利学者钦吉又提出了与上述说法截然不同的观点：这两座古城之所以突然销声匿迹，是一次原因不明的史前核爆炸造成的。这种观点虽然有些耸人听闻，但从摩亨约·达罗出土的骸骨上还是找到了一些疑似

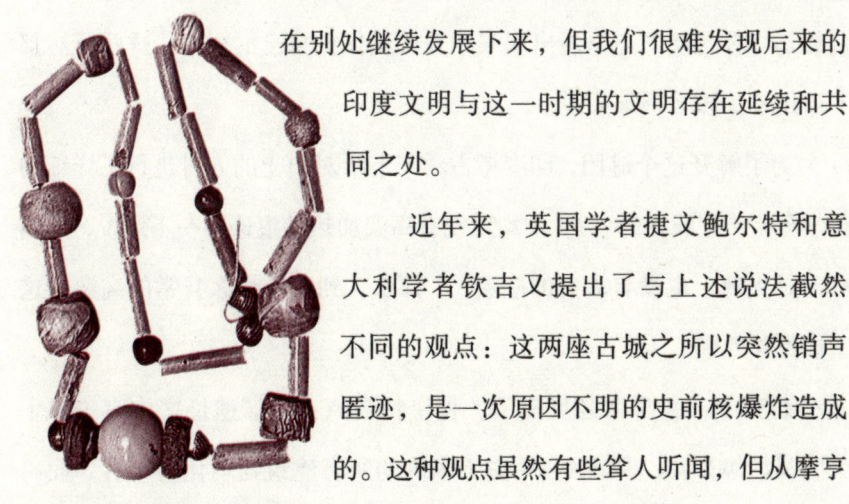

哈拉帕出土的项链

的线索。

摩亨约·达罗出土的骸骨都没有被埋在墓中,而大都是在居室内被发现的,有不少居室内的遗体成堆地倒着,惨不忍睹。据此学者推断,导致摩亨约·达罗毁灭的灾难是突然降临的,几乎是在同一时刻,全城4万—5万人全部死于来历不明的横祸,一座繁华发达的城市顷刻之间变成了废墟,这座城也因此被称为"死亡之丘"。

究竟是一种什么样的恐怖灾难能令这些人瞬间死去呢?考古学家相继提出了流行病、集体自杀等假说,但无论是流行病还是集体自杀,都不能解释"一瞬间"死去。而且,从许多人体骨架的姿势来看,有人正在沿街散步,有人正在家中休息。最引人注目的是,有的遗体还呈现出用双手盖住脸保护自己的样子。这些显然都不适用于集体自杀等假说。

哈拉帕印章

为了解开这个谜团,印度考古学家卡哈对出土的人骨进行了详细的化学分析:"我在9具白骨中均发现有高温加热的痕迹……不用说,这当然不是火葬,也没有火灾的迹象。"那么,到底是什么异常的高温使这些居民猝死呢?

研究中,科学家还发现了一种奇特现象:古城遗址之中有一块十分明显的爆炸点,周围约1平方千米内的所有建筑物均化为乌有,而离爆炸中心较远处却发现有许多遗骸,说明破坏程度由近及远,逐渐减弱。同时，在爆炸中心还挖掘出一些黏土烧结的碎块，据推算烧结温度高达万度。其情其景，极像原子弹爆炸之后的广岛和长崎。

此前，不少科学家就有过推断，地球上曾出现过数次文明并被毁灭，远古时代曾在世界不少地方发生过核战争。而印亚大陆正是

刻有神秘文字符号的印章

史诗神话中经常提及的古代核战争的战场。公元前3000年的大叙事诗《马哈巴拉德》中记叙的战争景象一如广岛原子弹爆炸后之惨景，提到的武器连现代化武器也无法比拟。然而，这毕竟只是一种推断，在有明确的结论以前，要人们信服哈拉帕文明的消亡与核战争有关还为时过早。

事实上，大凡久远文化，总会给人留下很多未知数，但像印度河流域文明这样的情况却并不多见——几乎在每一个关键问题上，它都给人们留下了难解的谜题，而人们也喜欢为解决这些难题发挥自己的想象力，遥想古老东方文化的过去！

《摩诃婆罗多》中的描述

古印度叙事诗《摩诃婆罗多》对摩亨约·达罗城的毁灭做了这样的描述："空中响起轰鸣，接着是一道闪电，南边天空一股火柱冲天而起，比太阳耀眼的火光把天割成两半……房屋、街道及一切生物，都被

这突如其来的天火烧毁了……""这是一枚弹丸,却拥有整个宇宙的威力,一股赤热的烟雾与火焰,明亮如1000颗太阳;缓缓升起,光彩夺目……""可怕的灼热使动物倒毙,河水沸腾,鱼类等统统烫死;死亡者烧得如焚焦的树干……毛发和指甲脱落了。盘旋的鸟儿在空中被灼死,食物受染中毒……"

赫梯文明：
消失3000年的铁血帝国

70年的探索，秘密大门终开启

1834年，法国建筑师、艺术家兼文物古董商查理·特克思尔带着探寻宝物的愿望，来到了安纳托利亚。安纳托利亚古称小亚细亚，是现在土耳其的亚洲部分。它位于东西方历史性交会的十字路口，是联系欧亚两块大陆的桥梁。

无论从地理、种族还是历史方面来说，安纳托利亚都是一个极具多样性的地区，这种地形上的生态环境，使安纳托利亚成为不同文化的万花筒。几个世纪以来，军队的铁甲在安纳托利亚平原上南征北战，商旅的队列在这里东西来往。

在这片土地上，罗马人曾建立过殖民地；在罗马人之前，希腊和

哈图莎古城废墟的城门 一侧有巨大的石狮，另一侧是比真人还大的人像。

波斯军队曾在此地兵戎相见。特克思尔此行的目的,就是要寻找希腊和罗马历史里那些曾经有过记载的地方,他希望在安纳托利亚找到罗马人曾建立的一个被称为汰纹的居民点。

然而,对于安纳托利亚历史的了解仅限于公元前5世纪中叶的特克思尔丝毫不曾想到,他对此地的探察会触及一个更古老的文化的线索。

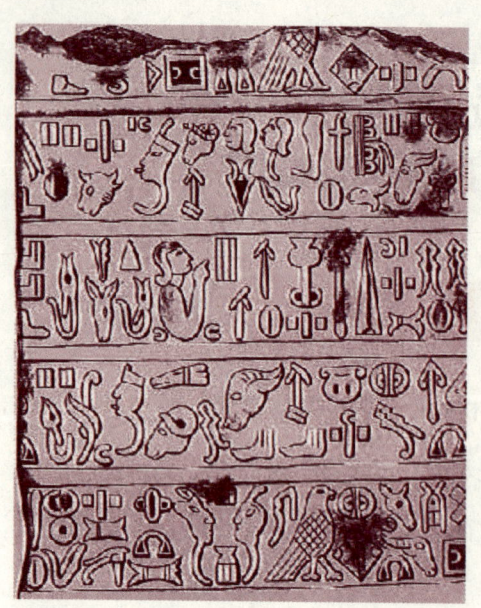

赫梯文字符号

为了探寻古代遗迹,特克思尔不辞劳苦,从一个村落走到另一个村落,最终来到安纳托利亚的北部中心地区——一个叫博兹柯伊的小山村。这里的村民告诉他,村后的山边有一座废墟遗址。

他马不停蹄地赶到目的地,立刻被眼前规模宏伟的废墟惊呆了:古城废墟的城墙大约圈地300英亩,部分古城墙仍然挺立着,墙上有瞭望塔和两座门,一门之侧有巨大的石狮像,另一门上刻有比真人大的、仿佛为国王的人像。

出乎意料的事远不止此,村民又领着他步行1小时来到了另外的废墟遗址,只见前方隐约出现高大的石灰岩山头;再靠近些,山头上出现深深的天然裂缝;走进去,里面竟是巨大的房屋,高大的石墙上刻画着几十个男男女女的图像,看上去像是国王和王后,以及仙子和仙女。村民们告诉特克思尔,他们把这个地方称之为亚塞尼卡亚,意思是"有雕刻的岩石"。

面对此情此景，特克思尔很想大呼一声："我找到汰纹了！"然而，废墟规模的宏大粗犷及两地的雕刻风格告诉知识渊博的他，废墟的主人绝不是罗马人，因为"这里的建筑跟罗马帝国时期的建筑没有关系"。经过推测，他认为此城是浦特利亚，根据古代历史学家赫诺和塔斯的说法，安纳托利亚确实曾有这么一个城市，只是在公元前547年毁于战火之中。

特克思尔不曾料到的是，他偶然发现的这处荒僻遗迹正是历史上所记载的安纳托利亚最古老的文明赫梯王朝的首都哈图莎。

赫梯是一个伟大的民族，目前史书记载的关于安纳托利亚的历史，几乎都与赫梯人有关。但是，直到19世纪后半叶，赫梯人的历史虽然在各地的考古发现中得到浮雕、象形文字、楔形泥板文书和其他雕刻品的佐证，却仍然难以取得突破，始终不知道它的确切位置。而特克思尔的这次发现，无意中打开了古赫梯文明的大门，并探寻到一个在3000年前就已消失的帝国。

自从特克思尔发现博兹柯伊废墟之后，更多的考古学家被吸引到此地，围绕这一地区进行考察、发掘。1893年，博兹柯伊出土了首批泥板文，上面刻有某种形式的楔形文字。对这些泥板文的研究最终显示，安纳托利亚的历史比古希腊、罗马要早许多。

赫梯建筑雕塑

1872年，一位名叫威廉·莱特的爱尔兰传教士从叙利亚城哈马斯得到5块带有雕刻的石头。莱特本人并不懂得这些符号，但作为传教士，莱特对《圣经》非常熟悉。《圣经》中曾几次提及赫梯人，并在记叙中给予了赫梯人的军队和埃及军队同等的地位。

赫梯武士浮雕

文明百科链接

哈马斯城寻宝记

当威廉·莱特来到哈马斯城准备寻找那5块神秘石头时，他发现自己遭遇到了很大的阻力，"我们问及的每个人都目不转睛地注视着我们，赌咒发誓哈马斯没有我们要找的那种石头"。因为哈马斯人认为石上铭文对风湿病有神奇疗效，所以小心地藏匿着这些石块。偶然的机会下，莱特终于发现了这些石头，当时的总督苏布西立刻下令挖走它们。然而，他的命令激怒了该城居民，他们在几小时之内走上街头，发誓要毁掉圣石，决不让它们被运走。无奈之下，总督只好派哨兵彻夜守护所有遗址。后来石块被运到总督大院之时，哈马斯城上空突然出现一场流星雨。哈马斯人认为这肯定是真主阿拉在警告人们若不把石块放回适当位置将发生灾难。总督却宣布，降落的流星雨未击伤任何人，表明阿拉显然赞成交出石头。于是，居民们不再恐惧不安，差点引发冲突的一件事就此转变为人们庆祝的缘由。

于是，他推测，曾经威风凛凛的赫梯人很可能在哈马斯的石头上刻上自己的历史，而这些石块上的铭文也许就是赫梯人留下的。莱特把这5块石头交给了大英博物馆的专家，希望他们能破译石块上刻下的符号。

1879年，一位名叫阿其波尔德·舍斯的英国学者把特克思尔在博阿兹柯伊拍下的照片和哈马斯石头的照片做了比较，发现两处的符号有相同之处。他由此想到，这是否意味着同一文明从安纳托利亚中北部迁移到了位于几百千米以南的叙利亚。他认为这可能就是《圣经》里提到的赫梯人，并进一步推断说他们可能就是在博兹柯伊附近修建山顶城堡的民族。

与此同时，其他一些研究亚述和埃及文明的科学家也从文献中找到了一些有关赫梯人文明的线索。但是，因为缺乏确凿的证据，赫梯人的历史仍然是混沌一片，他们的文明真相仍然未能大白于天下。

哈图莎城巨大的浮雕

最终，打开赫梯人秘密大门的钥匙在千里迢迢之外的埃及被找到。1887年，在埃及一个叫阿玛拉的村子里发现了许多记有楔形文字的陶碑，几乎所有的陶碑都用"阿卡汀"（一种19世纪学者都很了解的楔形文字）所写成，多处提到过赫梯人。但其中有两块陶碑，上面的文字却无人知晓。

1893年，一位名叫欧内斯特·强塔的法国人类学家在博兹柯伊进行了一系列考古挖掘工作。他发现了两块陶碑，上面刻的楔形文字跟在埃及阿玛拉发现的那两块陶碑上无法破译的楔形文字相同。

这一意外发现，将古埃及文明与在博兹柯伊修建城堡的文明联系起来，学者们开始提出有关赫梯人的理论。而且，新破译出的公元前15至前12世纪的埃及文献中，也提到了这个神秘的民族，人们开始相信历史上曾真的存在过这么一个民族，而不止于《圣经》的描述。

1906年8月20日，一块刻有巴比伦楔形文字的陶碑从博兹柯伊出土，这块陶碑是埃及法老拉美西斯二世和赫梯国王赫突斯里于公元前1270年签署的一项和平协议的副本。而这样重要的文件一般都保存在有关国家官方的档案馆里，这也就意味着，博兹柯伊肯定就是人们长期找寻的赫梯人的首都——赫梯人的地理坐标终于在土耳其这片土地上被确定下来！

此后，考古学家和科学工作者们继续积极地从事考古和文字破译工作，终于使赫梯这个民族的面貌开始逐渐清晰地出现在人们

《卡迭石合约》楔形文字泥板

的视野中……

王者的国度，征战的历史

赫梯文明虽然是安纳托利亚历史上最为悠久的文明，但其实在这之前，高地上就已经有人定居过，其废墟遗址可以追溯到公元前7000年甚至更早。当欧洲人还在洞穴中四处采集食物的时候，安纳托利亚的人们已经定居下来，并且部分发展成农业社会。

早在公元前1950年，博兹柯伊就已经矗立起城堡和定居点，其居民将之称为哈梯息，意为哈梯人的土地。他们的城堡建于山丘之上，两面有陡峭的峭崖保护，易守难攻，他们就在这里世代生息。

公元前19世纪，一个好战部落迁徙到了安纳托利亚高地，定居在哈梯息的周边地区，与当地居民混合而居。现代考古学家至今仍然不能确

博兹柯伊文明遗迹

赫梯神庙遗址

定,这些新来的民族从何处而来,也不知道他们是突然大举迁徙而来,还是陆续迁来的。

这个外来民族在公元前19世纪中叶形成了若干小国,人们所知的最早的统治者是库萨尔城邦的皮哈纳及其子阿尼塔。阿尼塔时期,库萨尔突然向哈梯人发难,将哈梯息夷为平地。痛失家园的哈梯人领袖,激愤地诅咒那些还胆敢在这块土地上定居的人们。

然而,不到一个世纪的时间,对诅咒置若罔闻的外来民族中的一支就重建了哈梯息,并将之命名为哈梯沙(即哈图莎城),使它成为自己的首府,这就是赫梯王国的开始,它的臣民被称为赫梯人——采用被征服者的名字来奠基立国,古往今来都比较罕见,这个民族真有些不可思议。

与最初的哈梯人不同的是,赫梯人是一个习惯于征战的民族。赫梯王国所记载的自己的历史,就是从好战的拉巴尔纳国王开始的。拉巴尔纳把王国的边界向南推进到地中海之滨，向西推进到面积甚小的阿尔扎娃的王国。

拉巴尔纳的继任者哈图西里一世继承了先辈的骁勇，挥师东南越过托罗斯山脉，使北部叙利亚的阿拉拉赫臣服于自己，沿途还攻占了哈西什古城。一篇楔形文字的文本得意地记述了他的业绩，"他像露爪的狮子一样势不可当。他向哈西什城倾泻泥土，掠走该城的财物填满哈图莎城。金银多得不计其数"。此时，"赫梯"作为一个国家的名字开始用于表示整个赫梯人的国家。

赫梯国王穆尔西里二世的形象复原图

哈图西里死后，赫梯王国发生了所谓的"王子们的奴隶的起义"，即被赫梯人征服的地区人民的起义，王亲贵族们在入继大统的穆尔西里一世的带领下，镇压了这次起义。

然而，国内的平静很快就不能满足穆尔西里的野心，他把征服的矛头指向了两河流域南部，于公元前1595年夺取并毁坏了古巴比伦城，掠走大批俘虏和财宝，主神马尔杜克的金像也未能豁免。连续的胜利，使赫梯王国成了当时近东地区的一个大国。

就在此时,赫梯国内传来了政治动乱的消息,穆尔西里无暇旁顾,立刻放弃了这座都城退回家园。可是,在国内等待他的非但不是胜利的欢呼,反而是死亡——他回国不久即被其姐夫汉蒂里谋杀!

此后,赫梯王国陷入了延续数代的令人忧郁的宫廷阴谋和内乱时期,王国多年苦战征服的土地相继失去,国际地位日益衰落,至泰利皮努斯(约公元前1530—前1510在位)即位时,赫梯的版图已缩小到仅限于安纳托利亚中部一带。

公元前1465年,赫梯国一位公主的丈夫铁列平攫取了王位,以血腥手段一举清除了所有对手。他接着颁布了明确的世袭继承法,即长子优先、无长子归次子、无子归女婿,解决了赫梯王国的王位继承问题,平息了王室内部互相争斗杀戮的症结。

公元前15世纪末至前13世纪中叶,是赫梯历史上的新王国时期,也是

赫梯人的文明遗存

赫梯王国最强盛的时期。

约公元前1343年，苏皮卢利乌马斯一世登上赫梯王位，他在完善了都城哈图莎的防御之后，就发动了对米坦尼的战争，收复伊苏瓦城，继而攻占其都城瓦苏卡尼，灭米坦尼王国，扶持了傀儡国王。

约公元前1334年，苏皮卢利乌马斯率领军队渡过幼发拉底河进行旋风式的征战，获得七个叙利亚附庸国。而后，苏皮卢利乌马斯南下，攻陷卡赫美士城，完成对叙利亚的征服。

这位伟大的拓疆者辞世之后，留给继承人穆尔西里二世的是一个面积近30万平方千米的国家，其疆域从安纳托利亚西部的爱琴海向南延伸到黎巴嫩山区，从地中海向东延伸到伊拉克北部。

穆尔西里在位28年，东征西讨，建立起了一个足以和埃及帝国相媲美的名副其实的帝国，并与埃及进行了长达数代的争霸战争，埃及第19王朝前期的法老霍连姆赫布、拉美西斯一世、塞提一世、拉美西斯二世都与赫梯人交过手。

在埃及法老拉美西斯二世统治的第五年，他向赫梯人占据的属地

卡迭石战争中的拉美西斯二世

赫梯步兵浮雕

发动了大规模的进攻,赫梯国王穆瓦塔利立即做出强烈回应,率军约4万人南下迎击挑战者,结果,整个古代最强大的两支军队展开了历史上著名的卡迭石之战。卡迭石恶战使赫梯和埃及双方都损失惨重,只好各自罢兵。在此后漫长的岁月中,双方展开了拉锯战,你攻我守,我打你防,互有胜负,又都不肯罢休。连年的战火,使赫梯大伤元气,埃及也被拖累得疲惫不堪。

公元前1273年,穆瓦塔利去世,赫梯再次发生政变,穆瓦塔利之弟哈图西里三世篡夺了侄子的王位,并将他的侄子放逐。然而,这位篡权的国王却因为他的权术和作为政治家的远大谋略而青史留名。

公元前1259年,哈图西里与埃及的拉美西斯缔结了后来轰动世界的人类历史上的第一次战争和约——《卡迭石条约》,双方关系得到稳定。

公元前1246年后,高明的哈图西里又采取和亲政策,将赫梯王朝的两位公主先后嫁给了埃及的拉美西斯法老，以巩固两国之间脆弱的联盟。后来发现于埃及卡纳克庙宇墙上的一幅雕刻，就描绘了当时埃及法老迎娶赫梯公主的情景。

哈图西里统治期间，赫梯帝国相对安定和繁荣。但他去世之后，赫梯衰落的迹象也日益明显，奴隶逃亡现象日趋严重，被征服地区居民的反抗也愈演愈烈，最终于公元前12世纪彻底走向崩溃。

文明百科链接

埃及女王的求婚信

考古学家温克勒于1906年在赫梯历史中发现的一个故事，从侧面显露出苏皮卢利乌马斯一世当时在近东地区的声望。

苏皮卢利乌马斯一世在卡赫美士城外帐篷中休息时接待了埃及信使，信使所带书信并非出自法老之手，而是一位女王写的。信中说："我丈夫死了，也没有儿子。听说您有许多儿子。如果您派一个儿子到我这儿来，他将成为我的丈夫及埃及国王。"苏皮卢利乌马斯对此有疑心，遂派自己的亲信"去查明这个女人所说的事情实情如何"。长期以来，许多学者认为这位女王就是图坦卡蒙的遗孀。后来，女王又发出一封信，对这位赫梯君主的迟疑表示不耐烦和愤怒。苏皮卢利乌马斯终于派去一位王子，然而为时已晚：埃及王朝已易主，年轻的新郎未到达目的地便失踪了——可能被暗杀了。

独特而辉煌的文化印记

与古老的美索不达米亚文明、神秘的埃及文明、辉煌的古希腊文明这些伟大的文明相比，赫梯文明似乎显得单薄了些。然而，我们决不能小视的是，赫梯人也有着自己独特而辉煌的文化印记。

早期赫梯国家的生产力虽属青铜时代，但赫梯却是西亚地区最早发明冶铁术和使用铁器的国家，亚述人的冶铁术就是从赫梯人那里学来的。赫梯国王把铁视为专利，不许外传，以至贵如黄金，其价格竟是黄铜的60倍。哈图莎城堡里出土的高质量的铁制工具、武器和盔甲，曾使埃及等国家胆寒。

为了保卫自己的家园和对外进行扩张，赫梯历代国王保持有一支人数多达30万的军队，使用短斧、利剑和弓箭。而他们打击敌人最有效的武器是战车，在战场上，他们驱赶披着铁甲的马拉战车冲锋陷阵，所向

赫梯战车复原图 赫梯人拥有当时世界上最著名的战车军队。他们将马拉战车运用到大规模战争中去，并将实心车轮改造成辐条空心车轮，使马车的重量大大减轻，加快了行驶速度，更便于军事远征。赫梯人还将每驾战车上的人数增至3人，1个驭手，1个披甲长矛手和1个盾牌手，达到攻防兼备的目的。

披靡，使来敌闻风丧胆。

赫梯都城哈图沙的心脏地带是一个建于山丘上的城堡，赫梯人在城堡的另外两面修筑了又厚又高的斜墙来防范来敌，城堡同时也是皇室的驻地。

赫梯人的社会被严格地分成几个等级，最上层的自然是国王和王后。但王室的权力并非至高无上，他们的行为由一个贵族组成的委员会来监督。王室之下是贵族阶层；这一阶层下面是将军和朝廷的官吏；再往下则是商人和手工艺者，诸如铁匠和陶匠；他们之下则是那些耕种小麦和大麦、经营蜂蜜和果树、为城堡提供粮食的农民；处于最下层的是奴隶，通常都是捕获来的战俘。所有这一切，都由内容极为详尽的法律条文来约束。

文明百科链接

令人尊敬的赫梯王后

赫梯王后普杜希巴是哈图西里三世的妻子，也是图德哈里亚四世的母亲，她是一位很有魄力、受人爱戴的女人。考古学家挖出大量关于这位王后的文献和印章。虽然普杜希巴并不比此前的王后拥有更多的职权，但她确实在帝国的繁盛时期进行过统治。著名的《卡迭石条约》的两端就分别是哈图西里和普杜希巴的印章。拉美西斯法老在写给普杜希巴的信中，还亲切地称她为"我的姐姐"，表明了他对这位王后的尊敬。普杜希巴的儿子图德哈里亚更是深切地爱着他的母亲，已被发掘出的一枚印章留下的印记上镌刻着：哈图西里和普杜希巴之子。这是已知的唯一一枚提到国王母亲的君主印章。

赫梯人最突出的文化成就当属法律体系。以《赫梯法典》为代表的赫梯人法律，要比古巴比伦的法律更人道，也没有亚述人法律中那些诸如剥皮、宫刑、钉木桩等酷刑，取而代之的是让大多数罪犯向受害人提供某种形式的赔偿。例如，"如果一个自由民放火烧掉一座住宅，他须重建该宅"。同样，根据法律，如果一个人犯了谋杀罪，杀人者必须向受害者家属提供巨额赔偿。只有当自由民犯下强奸兽行及不服从国家当局等罪时才会被强制处死。

赫梯人的生育女神黄金塑像

赫梯法律的整体精神是公正，反映了社会间的一种平衡。比如，赫梯法律允许妇女和男子一样拥有职业，所以赫梯妇女享有美索不达米亚和埃及妇女所享受不到的权力和自由。皇家的文件和国宝也显示国王和王后是共享大权的。而且，在赫梯社会里，奴隶也享有某些权利，他们被允许拥有财产和赎买自身的自由。

赫梯人信奉神祇，他们供奉的最高神明是风雨雷电之神和太阳女神。但与历史上其他文明不同的是他们也容忍别的宗教信仰，他们允许臣民信仰叙利亚、巴比伦和其他国家的神，并把这些神请进了自己修建起的万神殿。在赫梯王国最后的几个世纪里，赫梯的国王也被认可为众神之一。赫梯人因此被称之为"万神的民众"。

考古学家在哈图莎废墟遗址上找到过31座神庙的遗址，其中最宏大的，也是保存最完好的被称之为大殿。它占地5英亩左右，是一座建

哈图莎遗址内的大神庙中，出土了几个巨大的储藏罐，罐内所装的是什么东西至今仍是不解之谜。这些陶罐最大的容积有793加仑（约3600升）。

筑复杂，四通八达的庙宇，可能曾经拥有200多名僧侣、神职人员、乐师以及其他供奉神祇的人。1962年，考古学家在大殿的一间贮藏室里发现一块陶碑，其文字显示此庙宇是为供奉风雨雷电之神和太阳女神而修建的。

赫梯人的文学成就主要是神话，包括根据古代苏美尔人的创世和洪水传说改编而成的作品。赫梯人以楔形文字记述自己印欧语系的语言，创造了赫梯楔形文。赫梯

赫梯人留下了大量精美的浮雕

绘画中的哈图莎古城

人还另有一套象形文字,用于铭刻和印章,这可能是受哈梯人原始图画文字和埃及象形文字的影响。但到目前为止,这些象形文字尚未释读成功。

赫梯人的艺术才华虽不出众,但他们的雕塑作品新颖生动,尤其是石壁上的浮雕作品,城门和王宫门旁一般都雕有巨大而生动的石狮。建筑材料则多用巨石,明显优于两河流域所使用的土坯。

赫梯王国虽以农业为主,但商业贸易也算繁荣,与埃及、腓尼基、塞浦路斯、爱琴海诸岛等地都有往来。事实上,赫梯文明的主要成就之一,就在于它充当了两河流域同西亚西部地区文化交流的中介,是埃及文明、两河流域文明和爱琴海地区诸文明之间的主要链环之一。因此,赫梯文明有着其与众不同、不容撼动的历史地位。

> **文明百科链接**
>
> ### 印欧语系
>
> 　　印欧语系是世界上分布最广的语系，使用者几乎遍及整个欧洲、美洲、澳洲，以及亚洲和非洲的部分地区；以某一种语言为自己母语的人，加起来有15亿以上。18世纪后期，英国学者提出这些语言有共同的来源。19世纪中叶，学者们开始称之为印欧语系，因其分布于印度和欧洲。德国学者曾依据分布地两端的语言将其易名为印度－日耳曼语系，还有少数学者称之为雅（利安）－欧语系。

突然而至的覆灭之灾

　　赫梯文明在安纳托利亚高地繁荣了5个多世纪，但到了公元前1200年左右，哈图莎的文书突然沉寂下来，整个赫梯陷入灾难性的黑暗中，从此再未兴起。

　　从博兹柯伊的哈图莎遗迹上，可以清清楚楚地看到大灾难的标记：在赫梯王国繁华的首都哈图莎城内，到处是被烧毁的遗物碎片和烧焦的瓦砾，它们是赫梯神秘敌人的愤怒证明，这些敌人以耸人听闻的力量在哈图莎城内破坏焚烧，从被火焰熏黑的城墙内壁上仍可看出他们所放大火的火势之烈，整座哈图莎竟没有一座建筑物依然耸立。

　　然而，灾难不仅仅降临在首都哈图莎，考古发现，在目前已辨认出的零零散散的其他赫梯城市中，有大量的证据表明那些城市也遭受了

这些浮雕遭到了破坏,残缺不全。

类似的破坏。

1993年,德国考古学家安德烈亚斯·穆勒在赫梯首都之东200千米的库萨克里,挖出了一座土砖墙壁已被大火烧毁的巨大建筑物,在该建筑物的54个房间里到处都是散落的巨大的赫梯陶器堆,其中有些陶器因受烧毁建筑物的大火的高温烘烤而熔化。总之,所有的赫梯城镇都被毁为废墟,赫梯人遭到了灭顶之灾!

赫梯王朝的覆灭来得如此迅猛而突然,以致留下了众多难解的谜团,使考古学家因此而看法不一,众说纷纭。

有人认为是来自"海上民族"对中东的侵略。考古学家发现,在拉美西斯三世于公元前1180年左右写的一份文本中有这样的记录:"这些外国在它们的岛国本

土耳其发现早期赫梯人的"陶罐墓穴"。

土密谋策划，没有一个国家能挡其锋，赫梯首当其冲……他们继续前行……来到埃及。"

但许多史学家很难接受赫梯帝国独毁于航海者之手这一观点，认为他们不过是腓力斯人、西西里

赫梯人的"陶罐墓穴"

人、撒丁人和小亚细亚海岸其他群体的乌合之众。他们反而认为是其他劫掠者如卡斯卡部落也卷入了这场战争，并且国内的敌人也起了作用。在哈图莎档案馆存档的最后记叙中，就有苏皮卢利乌马斯二世对国内不和与起义的抱怨："赫梯居民对国王犯了罪。"

有学者提出，这种不满可能并非源于政治冲突，而是源于整个中东地区的干旱和庄稼歉收，使得民众开始迁徙，寻找好一些的生活环境，从而严重地削弱了赫梯王国的实力，再加上北部迁徙而来的掳掠性游牧部落和西部入侵民族的合力，赫梯王国最终被推向了覆灭的深渊。

总之，到了公元前1150年，赫梯王国已经彻底地不复存在，那些在城市毁灭时幸存的赫梯人四散奔逃，在许多年之后最终为别的民族所同化，赫梯文明也因此湮没在了历史烟云之中。

在赫梯王国覆灭200年以后，在安纳托利亚东部和叙利亚北部崛起了15个小王国。考古学家相信这些王国的人民不会是赫梯人的后裔，但他们却选择了赫梯人的语言，承接了赫梯人的一些宗教和风俗

赫梯的赤陶公牛像 公元前14世纪的作品，用作奠酒容器。牛颈底部的孔用于注酒，鼻孔则用于倒酒。

习惯。学者们把他们称之为新赫梯人。

尽管这些新赫梯人不是开疆拓土者，但他们却在《圣经》的书页中获得了永生，他们留下的线索帮助现代学者解开了赫梯文明之谜，使赫梯文明真正载入了人类史册。

楼兰古城：
消散于大漠中的丝路重镇

一把幸运铁铲带出一个失落古城

19世纪中叶至20世纪初，一向默默无闻、渺无人烟的塔克拉玛干沙漠，不时地闪现出西方冒险家的匆匆身影，沉寂在沙海之中的古代绿洲遗址，逐渐被这些探险者所发现；一队队行色匆匆的驼队，打破了大漠的寂寞荒凉，使得这片广袤的区域，一时间为世人所瞩目。

1895—1896年，瑞典人斯文·赫定沿克里雅河穿越塔克拉玛干沙漠，到达罗布泊地区，沿途进行了艰苦而极富收获的地质学、生物学和古代文物遗迹的考察，初步摸清了塔克拉玛干沙漠中重要古代遗址的大致情况。

1899年9月，斯文·赫定开始了他的第二次塔克拉玛干之行，并得到了瑞典国王奥斯卡和百万富翁伊曼纽尔·诺贝尔的资助。他在空寂而清冷的若羌县（今若

斯文·赫定在进入西藏探险时，身穿藏民服装。

羌）稍做停留，便继续向塔克拉玛干东端的罗布泊沙漠前进。赫定后来在他的学术报告《1899—1902年中亚科学考察成果》第二卷《罗布淖尔》中，曾这样抒写自己在罗布泊的感受："这里的景物一片死寂，就像来到了月球。看不到一枚落叶，看不到一只动物的足迹，仿佛人类从未涉足于此。"

1900年2月29日，就在赫定心灰意冷准备放弃时，一个戏剧性情节的出现，导致了一个古代城址的重新面世。斯文·赫定率领的探险队沿着干枯的孔雀河左河床来到罗布泊荒原，在穿越一处沙漠时，发现他们带来的水泄漏了很多，立刻转身去寻找水源，可就在决定掘井取水时，却发现唯一的铁铲丢失了，赫定只得让他的维吾尔族助手阿尔德克回去寻找。此时，暮色已迫近，饥饿的阿尔德克寻得铁铲后连夜返回，不料路上狂风大作，漫天的风沙使饥肠辘辘的他无法前行。沙暴过后，在他眼前突然出现了高大的泥塔和层叠不断的房屋，一座古城奇迹般地显露

荒凉的罗布泊，像月球一样死寂的戈壁，没想到竟然埋藏着一个古代城市的残骸。

出它的面容。

阿尔德克回到考古队后，立刻将这一发现向赫定做了汇报，并捡回了几件木雕残片。赫定见到残片非常激动，他知道这一定是考古史上的一个重大发现，他断定这是个非常重要的古城遗址。赫定后来回忆说："寻找铲子是何等幸运，不然我决不会回到那古城，实现这好像有定数似的重要发现，使亚洲中部的古代史得到不曾预料的新光明！"

1901年3月，赫定开始对这座古城进行正式发掘。他迫不及待地发出宣告：若有人能最先找到任何形式的人类文字，便重重有赏。发掘现场不断有小块毛毡、红布、棕色发辫、钱币、陶片等出土。随着发掘的不断展开，终于有大批的汉文、佉卢文木简、纸文书和一些粟特文书以及精美绝伦的丝毛织品、别具风格的木雕饰件出土。

整整一个星期的时间，赫定除了进行发掘外，还调查了古城的寺院遗址和居住遗址。他发现古城出土的佉卢文简牍上多次出现"Kroraina"一词，根据在遗址内发现的汉文简牍将此城称为楼兰，因而推定楼兰是"Kroraina"的译音——深埋在沙海之下，消失了1500年的古代城市楼兰和它所创造的灿烂文明由此被发现！

这一发现震惊了全世界，中外学者相信，楼兰古城是丝绸之路上繁盛一时的古楼兰国目前被发现的最重要的历史遗迹，它对研究新疆乃至中亚的古代史、丝绸之路的历史变迁、中西文化的交流与相融具有至关重要的作用。

从此，楼兰遗迹吸引大批的考古学家、地理学家、地质学者纷至沓来：1906年和1914年，英国考古学家斯坦因到楼兰进行大规模的考古，发现了米兰遗迹，并将楼兰遗址逐个编号，初次揭开楼兰古文明全貌。斯坦因还发掘了两具楼兰男性头骨，经英国人类学家基恩证实为欧洲白种人。

1908年,日本大谷光瑞考察队员桔瑞超到达楼兰,发现《李柏文书》。这是前凉西城长史李柏写给焉耆国王的书信,它为研究中原政府经营西域提供了第一手资料。

1927年,斯文·赫定组织中瑞西北考察团楼兰之行,考察队员包括我国考古学家黄文弼和地理学家陈宗器,这也是我国科学家对楼兰古城的首次考察。考察中,瑞典队员伯格曼在孔雀河的一个支流(又称小河)找到大批楼兰古物,并发掘出一具女性木乃伊,因其衣着华贵,被称为"楼兰女王"。

1979年,新中国的楼兰探险热潮轰动了国际。当时的新疆社会科学院考古所组织队伍克服重重困难三次深入罗布泊地区,进行了大规模的发掘,之后陆续发现了太阳墓、海头古城、瓦石峡古城等。

文明百科链接

考古学家的搜掠

20世纪初,各国考古学家对楼兰遗址的发掘,极大地推动了楼兰史的研究,但是,他们在使自己名垂青史的同时又对遗址进行了巨大的破坏和掠夺。桔瑞超携归日本、现藏龙谷大学的《李柏文书》的出土地,因为当时没有记录,乃至成了一件公案,学术界为之探讨达数十年,才根据遗址照片肯定确是发现在楼兰城中。此外,桔瑞超当年取之于罗布荒原的草编织物精美绝伦,但具体地点却因不见记录而永远无法知晓。楼兰城郊的一处汉代墓地是当年斯坦因发掘过的,但他们只掏了墓室的中部,斯坦因取走和刊布了部分精美丝毛织物,只有在中国学者第二次发掘后,才可能对墓葬、墓室遗存有一个相对完整的概念。

丝绸之路上显赫一时的古城

历史上，楼兰王国属于西域三十六国之一，《汉书·西域传》、东晋时期著名高僧法显和唐朝的高僧玄奘的文字记录中都曾提及楼兰城。《汉书·西域传》记载："鄯善国，本名楼兰，王治扜泥城，去阳关千六百里，去长安六千一百里。户千五百七十，人口四万四千一百。"法显的记录中指出该国奉行小乘佛教，玄奘取经之旅中则有这样的记录："从此东北行千余里，至纳缚波故国，即楼兰地也。"

楼兰古城遗址现在位于新疆巴音郭楞蒙古族自治州若羌县东北部孔雀河下游三角洲南部，罗布泊西北岸，距库尔勒市340千米。20世纪70年代末，军区测绘大队曾配合考察队深入楼兰勘测绘制了楼兰古城地形图，经精确测量，判定古楼兰城位于东经89度55分12秒，北纬40度30分57秒。

楼兰古城遗址有4条干涸的河床，第4条大河床的两条分叉之间就是遗址所在地，周围是高低不平的雅丹地形，即干旱区的湖积或冲积平

罗布泊的雅丹地貌

原遭风吹蚀形成的地面支离破碎的垄槽地形,维吾尔语称"雅丹"。

　　古城遗址面积很大,已挖掘出来的城垣为方形,总面积10824平方米,城东就是"盐泽"罗布泊。罗布泊曾经是中国西北干旱地区最大的湖泊,称得上是碧波万顷,湖面达12000平方千米,20世纪初仍有500平方千米的面积,但1972年已宣告干涸。

　　罗布泊干涸以前,沿岸生长着大片胡杨林。塔里木河与孔雀河从西向东流出沙漠,经过楼兰注入罗布泊,河流两岸水草丰美、田地肥沃,滋养着楼兰的历代苍生。

　　当中原地区进入新石器时代时,罗布泊沿岸已有了远古居民,他们的生活依赖于渔猎或游牧。根据楼兰出土的距今约4000年的墓葬,考

以张骞通西域为主题的敦煌壁画

古专家揭示了楼兰的远古历史：4000年前的一段时期，这里生活着一支以游牧为生的原始欧洲人种，他们留下几具干尸，就神秘地走了。其后的2000多年间，楼兰没有一丝留痕，史书中没有关于楼兰的半点墨迹。

楼兰的名称最早见于《史记》。《史记·匈奴列传》记载，大约在公元前3世纪时，楼兰人建立了国家，受月氏统治。公元前177—前176年，匈奴打败了月氏，楼兰又为匈奴所辖。

楼兰城是楼兰王国前期政治、经济、文化中心，它东通敦煌，西北到焉耆、尉犁，西南到若羌、且末。作为亚洲腹部的交通枢纽城镇，楼兰城依山傍水，在东西方文化交流中曾起过重要作用。正因为楼兰的地理位置重要，西汉时期，汉朝和匈奴为了争夺西域疆土，进行了长达七八十年的战争。楼兰国一时左右摇摆，曾一度斩杀汉使臣。直到公元前77年，西汉平乐监傅介子刺杀了楼兰国王，另立其弟为王，迁都后，改名为鄯善国。

此后，楼兰一直都是汉朝的西域重镇，与汉朝关系密切。《史记》记载，"楼兰、姑师邑有城郭，临盐泽"，还说楼兰等地盛产美玉，多芦苇、怪柳、甘草，民随畜牧，逐水草，有驴马，多橐驼。

汉代早期，主要的丝绸之路从敦煌至楼兰后，分成两条通道：一条向西，沿塔里木盆地的塔里木河，经库车、阿克苏，到新疆盆地西端的喀什（古代称疏勒），再经塔什库尔干翻越帕米尔高原到中亚、西亚和西南亚地区以及欧洲，称丝路北道；另一路向西南，经若羌、且末、和田，向西翻越帕米尔高原到中亚、西南亚和西亚及欧洲，称丝路南道。

在古城遗址附近，现在还能清楚地看到一条东西向的官道，那显然就是张骞、班超路经的古丝绸之路。也许是建筑基址起了一个固沙作用，附近的土地都已被千年朔风切割得远低于地面达数米，仅有这个楼

米兰古城遗址 西汉时，此地为西域楼兰国之伊循城。

兰古城，仿佛建筑在一块"雅丹"的顶部。

三国时期以后，丝绸之路在楼兰多辟一条通道，即楼兰向北经吐鲁番盆地再向西北，沿天山北麓向西，经伊犁河谷地向西到中亚、西亚和欧洲地区的通道。如此一来，原先的北道改称为中道，新出现的沿天山北麓的通道被称为北道，丝绸之路南道仍然存在。

在楼兰古城未废弃之前，这三条丝绸之路一直为楼兰带来无限光辉。作为中国、波斯、印度、叙利亚和罗马帝国之间的中转贸易站，楼兰俨然成为当时世界上最开放、最繁华的"大都市"之一，驼铃悠悠，商贾不绝，一派"七里十万家"的繁荣景象。

由于楼兰是丝绸之路的必经之地，所以当时的中国朝廷特别重视楼兰，除了进行行政管理之外，还派出军队维持当地的安宁，保障商旅和货物的安全，打击威胁丝绸之路安全的破坏势力，同时，还在城内发展水利与农业生产，为楼兰数百年的繁荣创造了极有利的条件。

然而，到了公元330年前后，这里城郭虽巍然，人烟却已断绝。公元400年，高僧法显西行取经，途经此地，在《佛国记》中说，此地已是"上无飞鸟，下无走兽，遍及望目，唯以死人枯骨为标识耳"。

楼兰——这座丝绸之路上的重镇，在辉煌了近500年后，在历史舞台上就此无声无息地消失了。

文明百科链接

西汉策划下的楼兰政变

楼兰与强大的西汉帝国和匈奴帝国同处一个时代，注定了它只能在夹缝中求生存的悲剧命运。为了应付两面的威胁，楼兰国王分别向匈奴、西汉各遣一质子。汉征和元年（公元前92年），楼兰王死了，匈奴立刻将楼兰在匈奴的质子安归遣送回楼兰，立为国王。安归在匈奴多年，亲匈奴而远汉，多次帮助匈奴拦杀汉朝使节。西汉的平乐监傅介子于是提议刺杀忠于匈奴的楼兰王，汉昭帝元凤四年（公元前77年），傅介子设计刺死楼兰王。之后，西汉立楼兰在汉的质子尉屠耆为楼兰王，并改国名为鄯善。但尉屠耆还是有后顾之忧，他向皇帝请求说："因为身在汉朝已久，现在回国去，感到势单力薄，恐怕会被前王之子杀害。我请求西汉政府派吏士在鄯善的伊循城屯田，作为我的后盾。"最终，汉昭帝答应了他的请求。

东西方融汇的"绿洲文明"

西域的丝绸之路开通以后，东西方所有贸易往来都要经过这条沙漠之路，从而给楼兰带来了空前的繁荣，推动了楼兰文明的发展，使楼兰成了古典世界各种艺术流派争奇斗艳的舞台，成功地创造出属于自身的"绿洲文明"。

据《史记·大宛列传》记载，在公元前2世纪，楼兰已有人口14000多人，士兵近3000人，是西域的一个泱泱大国。

古楼兰的最高统治者是国王，他是全国土地的占有者。皇家有自己的农庄、骆驼群、牛群和羊群，全国百姓都要为皇家服劳役。国王下设"诸执政官"，负责处理王国内部的各项事务，执行法律，调处各级

土垠遗址　位于罗布泊北端铁板河河湾的半岛形台地上，三面临水，只有北面与陆地相通。据史书记载，这里是西汉时期丝绸之路上的一个重要驿站，随着楼兰的逐渐衰败而被废弃。

官吏和各地方之间发生的纠纷。

据考证，佉卢文书记载的古楼兰国王有八位，他们是：童格罗伽、陀者加、白毗耶、安归伽、摩习犁、伐色摩拿、疏犁者、休密驮。汉书史料中记载的古楼兰国王有：西汉时期的尝归（即伐色摩拿）、休密驮、真达。

王国内分设州、城，在州设有地方执政官，基层政权中则设有百户和户长。除此之外，王国内还设有税吏，他们是国王直接派遣到各地负责征收赋税的官吏，而且还掌管地方上土地纠纷、谷物播种、民间借贷、甚至男女婚嫁等事务，在王国中掌握实权，是各地王权利益的代表。

王国内有独自的法律，包括税收、水利、土地、狩猎、保护树木森林等法规，以及刑法和遗产处理法等。如，刑法规定："凡在当地犯罪者，务必死于当地。"保护树木森林法中规定："树活着时，如将树连根砍断，罚马一匹；若砍断树枝，则罚母牛一头。"此外，古楼兰还有关于奴隶买卖的法律规定。

古楼兰居民虽然在城镇过着定居生活，但他们从事的经济生产仍以畜牧业为主，在城镇周围有粗放的农业，主要畜牧产品和农产品有奶酪、酥油、食肉及大小麦等。古楼兰的园艺业以种植葡萄和石榴为主，手工业则以配制葡萄酒为主，葡萄酒是国王征收赋税的主要内容。为此，王国设有酒局，专门负责收藏葡萄酒。国王对一些欠酒的税吏，甚至采取撤职的手段，以示严惩。除此之外，古楼兰还有毛毯、陶土、制弓等手工业作坊。

古楼兰的商品交易以内地丝绸为主，从遗址中发掘出的汉锦，色彩绚丽，相当精致，有的绣有"韩仁绣文丸（纨）者子孙无极（即子孙满堂）",有的绣"延年益寿""昌乐光明"或"延年益寿大宜子孙",制作年代在1—2世纪。在楼兰还有大宛玻璃、安息香料等各种中西商品,汉代的王铢钱和中亚各国的钱币都可在楼兰流通。

楼兰遗址总共出土了575枚简纸文书,分别由斯文·赫定、斯坦因和中国学者候灿挖掘。这些文书绝大部分属于官方文书,对研究楼兰古国的政治、军事、经济、屯垦、文化等具有重要价值,生动地展现出古楼兰文明之光。

楼兰人在接受外来文化时从不是原封不动地照搬。比如,在中亚犍陀罗和大厦,石板浮雕被普遍用来装饰寺院墙壁和佛塔;但在楼兰、米兰及尼雅等地的佛教寺院中,这种石板浮雕被木雕取代,楼兰建筑构件上精美的木雕和雕花家具更堪称楼兰艺术的代表作。

石头城堡遗址 位于若羌县城西南40余千米处,在一座海拔约3000米的峭壁南边的山顶上。

早在公元前2000年，楼兰人已开始从事木雕手工艺，孔雀河古墓沟墓地就发掘出土了许多木雕人像，孔雀河支流小河流域古墓中也发现一批木雕人像。楼兰遗址中也发掘了木桶、木碗、木盘、木勺等大批木器。凡此表明，楼兰人民自古以来就有精湛的木雕艺术传统，而佛教传入的大夏希腊化艺术和犍陀罗艺术，则赋予古老楼兰的木雕艺术以新的活力。

楼兰人的音乐天才久负盛名，史称"善善摩尼"。《隋书·音乐志》记西域龟兹乐说："其歌曲有善善摩尼；解曲有婆伽儿；舞曲有小天，又有疏勒盐。"学者解释说："此处善善应指鄯善；摩尼，梵文犹言珠；曲名为鄯善珠，与疏勒盐正相对也。"可惜文献失载，鄯善珠究竟是一种什么音乐，今已无从详考。

不过，斯坦因在米兰佛寺发现的壁画上，绘有一位演奏琵琶的楼兰女琴师。斯文·赫定在和田沙漠古城收集的小陶俑中，有个弹琵琶的于阗琴师俑，姿态生动，弹的是三弦琵琶，说明古代丝绸之路南道风行三弦琵琶。

古楼兰早期曾有原始的宗教活动，后来逐渐被佛教代替。公元3—4世纪，佛教已成为当时楼兰的主要宗教，在王国的政治生活中占有十分重要的地位。佛教有自己独立的僧界法规，僧人在经济领域内有独立权力，他们占有土地，借贷粮食，征收赋税等，对过去的宗教人士——法师和女巫师则采取排斥的态度，甚至处死。

东西方文化的交融在楼兰建筑艺术方面得到充分体现。楼兰地区的古城形制明显分为两个类型：一类是方城，渊源于中原汉文化传统，如罗布泊沿岸的LE城、LA城、LK城和米兰绿洲的伊循城等，其中LE城兴建于西汉初年，而有些方城则原本就是中原屯田戍卒修建的城堡；

另一类则是圆城，属于西方文化传统，可能主要源于"大夏希腊化艺术"。耐人寻味的是，东西方建筑艺术的分界似乎就在楼兰境内。例如：孔雀河北岸的营盘古城、阿拉干湖畔的麦德克城以及若羌县城附近的孔路克阿旦城，皆为圆形古城。这些古城构成的分界线约在北纬88度线附近。

文明百科链接

猖獗的盗墓行为

楼兰的古物盗取行为令人震惊。盗墓者或盗墓集团有时并不亲自出手，主要是利用生活在沙漠边缘的一些农牧民成为"代盗人"。这些农牧民不识文物，但知道若窃取得手，转售出去就可以获得暴利，所以不惜冒着被逮捕的风险，成为"二手盗墓者"。尽管政府已采取防范古墓文物被盗措施，但由于国际对来自楼兰的文物叫价节节上升，仅是毛织品即以平方厘米计价，干尸标本更由于难以运出中国而成为天价，所以仍有不少人愿意铤而走险，盗墓活动始终无法完全制止。

古楼兰人开创了楼兰自己的历史，形成了灿烂的罗布泊文化，还联结、传播了古老的黄河文化、恒河文化和古希腊文化，在人类文明进步史上无疑留下了浓墨重彩的一页，它的"绿洲文明"也必将永远为人们所铭记！

神秘的消失，多方的推测

楼兰，一直是中外考古学家、历史学家、地理学家乃至文学家们憧憬的神秘之地。

面对这个曾经声名赫赫的古王国，所有的人都在发出疑问：楼兰究竟是怎么消失的？为什么它在繁荣兴旺了五六百年以后，却从4世纪之后，史不记载，传不列名，突然销声匿迹了？众多遗民也同时"失踪"，他们到底去了哪里？

一些专家推测可能是战争直接导致了楼兰古国的消亡，认为楼兰是为丁零所灭，或者是被北方的匈奴游牧民族所灭。但疑点同样存在：战

太阳墓　位于孔雀河古河道北岸。发现于1979年，共有古墓数十座，每座都是中间用一圆形木桩围成的死者墓穴，外面用一尺多高的木桩围成7个圆圈，并组成若干条射线，呈太阳放射光芒状。经碳14测定，太阳墓已有3800年的历史。

楼兰三间房遗址

争只能毁灭一城一池，不太可能灭亡整个国家。

有些专家认为，给楼兰人最后一击的是一场大瘟疫——"热窝子病"，这是一种可怕的急性传染病，一病一村子，一死一家子。考古学家在楼兰附近曾发现过一些群葬坑，里面男女老少的尸体像垒砖那样层层叠叠。在巨大的病魔面前，楼兰人选择了逃亡。人们盲目地逆塔里木河而上，哪里有树有水，就往哪里去，哪里能活命，就往哪里去。不幸的他们还赶上了前所未有的大风沙，天昏地暗，飞沙走石，声如厉鬼……楼兰国彻底瓦解了！

不过，很多专家认为，气候与水源的变化是造成楼兰衰落的主要原因，这是目前比较占上风的论点。美国人亨廷顿认为，第四纪以来塔里木盆地气候趋于干旱，气候变化引起地理环境的变化，罗布泊原是面积很大的内陆海，由于气候干旱而渐渐缩小，降水量减

楼兰女尸

少了30%，古楼兰人被迫大批迁移。因为水的消失，造成一个湖的废弃乃至一个城市的废弃，这样的故事在塔克拉玛干沙漠中并不鲜见，楼兰可能就是其中典型的例证。新疆女考古学家穆舜英于1980年发现的"楼兰美女"女尸，在解剖的时候发现肺部沉积有大量沙土。而这具女尸估计为3380年前遗存的，说明当时气候已经开始恶化了。

据《水经注》记载，东汉以后，由于当时塔里木河中游的注滨河改道，导致楼兰严重缺水。敦煌的索勒率兵1000人来到楼兰，又召集鄯善、焉耆、龟兹三国兵士3000人，不分昼夜横断注滨河引水进入楼兰，暂时缓解了楼兰缺水困境。但在此之后，尽管楼兰人为疏浚河道做出了最大限度的努力和尝试，但楼兰古城最终还是因断水而被废弃了。

也有人说，古楼兰是毁于不惜以砍伐大量树木为代价而建造的太阳墓。太阳墓外表奇特而壮观，围绕墓穴的是用七层胡杨木桩围成的同心圆圈，木桩由内而外，粗细有序，圈外又有呈放射状四面展开的列木，整个外形酷似一个太阳。据考察，在已发现的七座墓葬中，成材原木达一万多根，数量之多，令人咋舌。

但现在更新的说法认为，社会政治的巨变和丝绸古道的变更才是楼兰废弃的导因，楼兰的消亡是一个从废弃到彻底荒废的过程。

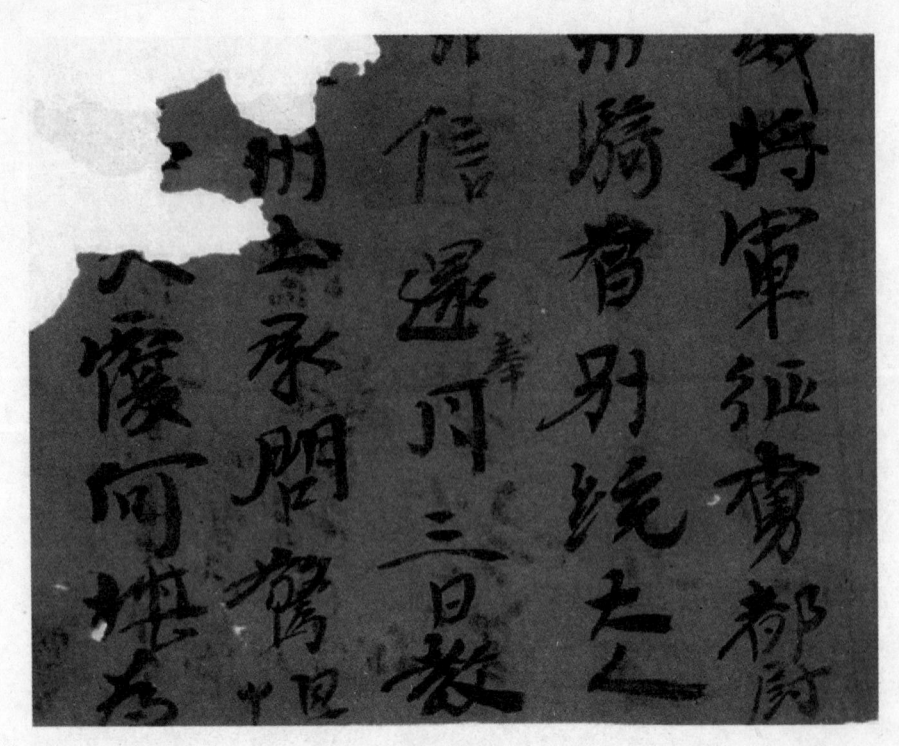

楼兰残纸

公元376年左右，前凉退出楼兰后，楼兰城由于内部混乱和苏毗人入侵等原因正处于衰落时期，无力振兴，遂导致楼兰城在政治上彻底失去作用，西域长史机构撤走，大批屯田者和汉族居民的离去使人口锐减，农业生产基本停顿，从而极大地动摇了楼兰城的生存基础。

公元4世纪后，自敦煌进入西域的古道有了很大的发展，除了通过伊州（今哈密）一途外，还有新开拓的、交通更为方便的大海道。原本走丝绸之路，经楼兰最为便捷，但沿途缺乏水源和粮草，多风沙，还要经受匈奴的侵扰，动荡不稳，随着高昌局势的稳定，高昌逐渐成为西域的门户，使楼兰丧失了中西交通中继站的地位，于是有了"路断城空"之说。

由于没有足够的劳动力,没有经济的支撑,也没有政府机构组织大兴水利,疏导河道,平整耕地,楼兰完全丧失了与当地恶劣的自然环境作顽强斗争的手段,致使风沙逐渐内侵,雅丹地貌逐渐出现,耕地面积和植被不断缩水,河流和渠道被风沙淤塞、改道、蒸发渗漏,生态平衡遭到严重破坏,如此年复一年恶性循环,楼兰地区最终失去了人类聚居生活的条件,消失于大漠之中。

今天,我们寻找楼兰,讨论楼兰,为一百年前的考古发现而兴奋不已,因几千年前楼兰的文明诗篇而惊叹不止。然而,这些或许都只是我们的一厢情愿,楼兰依旧是被大自然遗弃的角落,被历史模糊的断层……

高昌古城遗址 位于吐鲁番市东45千米处火焰山南麓的木头沟河三角洲,是继楼兰之后的丝绸之路上的必经之地和重要门户。

文明百科链接

丝绸之路

丝绸之路,指西汉(公元前202年—公元8年)时,由张骞出使西域开辟的以长安(今西安)和洛阳为东起点,经甘肃、新疆,到中亚、西亚,并联结地中海各国的陆上通道。因为由这条路西运的货物中以丝绸制品的影响最大,故得此名。其基本走向定于两汉时期,包括南道、中道、北道三条路线。北线从泾川、固原、靖远至武威,路线最短,但沿途缺水、补给不易。南线从凤翔、天水、陇西、临夏、乐都、西宁至张掖,但路途漫长。中线从泾川转往平凉、会宁、兰州至武威,距离和补给均属适中。这条东西通路,将中原、西域与阿拉伯、波斯湾紧密联系在一起。经过几个世纪的不断努力,丝绸之路向西伸展到了地中海。广义上丝路的东段已经到达了韩国、日本,西段至法国、荷兰。通过海路还可达意大利、埃及,成为亚洲和欧洲、非洲各国经济文化交流的友谊之路。

第二章
CHAPTER TWO
欧洲
EUROPE

庞贝古城：
历史在瞬间凝固

以掠夺开始的发掘

在风景如画的意大利西南河岸，有一座举世闻名的活火山——维苏威火山，它巍峨险峻、高耸入云，时时刻刻以自己伟岸的身躯俯瞰着碧波荡漾的那不勒斯海湾。

1594年的一天，在距维苏威火山口大约10千米处，托安农扎塔村庄的一群农民正在山下挖掘水渠，在翻开的泥土中，他们突然看到了一些金光闪闪的东西——金币，是金币！意外的收获使人们兴奋地叫了起来。挖到"宝藏"的消息像风一样迅速地传播开来，有更多的人来到这里寻找金银财宝，不断地从地底下挖出更多的东西，如陶器、

庞贝古城遗址

维苏威火山脚下的意大利那不勒斯湾

古罗马钱币、经过雕刻的大理石碎块等等。细心的人还发现了一块上面刻有"decurio Pompeiis"字样的石头,但大多数人认为它指的是罗马政治家庞培,这块石头只不过是意大利郊外随处可见的诸多遗迹之一。

而后,虽然这里陆续出土了一些古建筑遗址,但早就被寻宝的狂热冲昏了头脑的人们,很快忽略了对其进行更深入地考察和挖掘的意义,当地人只是习惯上将此地称为"西维塔",这个词来自拉丁语,意为"城市"。

1738年,在距离"西维塔"不远的地方,当时的西班牙统治者在前人挖掘的基础上,发现了古代文献上记载过的掩埋在火山灰下的赫库兰尼姆古城,曾经的国王侍从洛克·济奥奇诺·德·阿尔库比尔骑士被任命负责这项工作,他为了博得国王查理三世的欢心,不惜对这一珍贵

这个男人正在尽力爬向已经倒地身亡的妻子和孩子,但很快他自己也被火山灰夺去了生命。

遗址进行疯狂的挖掘和掠夺。

1748年,阿尔库比尔在偶然间得知"西维塔"也曾发现过古物,禁不住诱惑的他,立刻从一座遗址匆匆赶到另一座遗址,在"西维塔"展开了新一轮的挖掘工作。

首先挖掘出来的是一幅上面饰有水果和鲜花的壁画,接着出土了一具身边散落着银币和铜币的男性的遗骸,显然,他是在收拾钱财,试图从致命的火山喷发中逃生。然而,西班牙挖掘者对呈现于他们眼前有关人性的戏剧性场面并不感兴趣,他们只关心大理石作品和其他诸如此类代表古典时期的战利品。

在这段时期,寻宝活动以飞快的速度进行着,急于为国王获取新宝物的阿尔库比尔,随心所欲地指挥工人开挖深井和通道,遗弃了任何不能马上出土文物的发掘地点,并洗劫了沿途所有的房屋和庙宇,壁画被从墙上割下,花瓶、钱币、雕像和其他艺术品也没有注明它们的出土地点。炸药的爆炸声虽然加速了挖掘的进度,但给价值不可估量的火山埋葬物造成了极大的毁坏。

1763年8月，挖掘的工人们在这片遗址上意外地发现了带有"庞贝"字样的铭文，这是一座城市的名字。考古人员循此线索考察，才发现在罗马的史书里记载了这样一场灾难：公元1世纪，一座名叫庞贝的城市被突然爆发的维苏威火山的火山灰掩埋了。而这个城市遗址就是那座古老的深埋于地底的古城庞贝吗？这一发现引起了世界轰动。

1860年，意大利统一后，以严肃的治学精神和正直廉洁的作风著称的年轻考古学家吉塞普·菲奥勒利，受政府委托，负责庞贝城的发掘工作。他建立了一种可验证的科学考古方法，每天记工作日志，并制订切实可行的计划，对古城进行了科学的挖掘及清理工作。

他把庞贝城划分为若干区，又将每个区依照街道标志分成几个房屋群，并给每座房子或遗址一个识别编号，这个编号系统一直沿用到今天。

在对遗址的清理中，菲奥勒利还看到不少由火山灰和岩浆裹着的人畜遗骸，他仔细研究后发现，这些细腻的火山灰竟然具有惊人的保存功用，可以在慢慢变硬的过程中，在受害者身体的表层形成一层硬壳，当里面的躯体腐烂之后仍能够详尽地记载下其形体的所有细节。

渐渐地，一座规模完整、布局精致的城市就在人们的努力下得到了全面再现，其神秘的面纱逐渐被褪下。作为被火山灰覆盖达千年之久的城市，其完整的程度仿佛是模刻出来的一样，犹如罗马时代的城市出现在了当代，让人叹为观止！

文明百科链接

触目惊心的"石膏人"模型

　　以遍布古城各个角落的300多个蒙难者尸体空洞为模子制成的"石膏人",显示出了令人触目惊心的景象:在一个住宅中,许多人捂头掩面,面目抽搐,一个母亲在抱着自己努力挣扎的孩子,表情十分恐怖;而另一些房间里,有的人正趴在墙角挖洞,似乎正在寻找逃生的路,有的人则已经爬上了窗台,可是全部被突发的灾难定格。景象显示,其中大部人是因窒息而死的,其状况惨不忍睹。

火山灰保存下的城市遗迹

　　徜徉于这座重见天日的城市之中,你会惊奇地发现:在厚厚的泥土和灰烬的保护下,再加上地中海温暖气候的影响,庞贝古城基本上保持了原样,就连墙壁上的铭文、房屋里的家具和各种壁画装饰物,甚至是人们的生活形态都保留了下来——庞贝古城已经成为一座巨大的历史博物馆。

　　庞贝古城面积达1.8平方千米,四周环绕着用坚固的石头砌成的4800多米长的城墙,共有8座城门,每个城门设有2个城塔。城区规划得井然有序,东西向、南北向各有两条平坦笔直的大街,把全城分为9个城区,每个城区又有许多街巷

庞贝古城出土的蛇形手镯

纵横相连，路面都由碎石铺成。主街宽有10米，铺着平坦的石板，两侧为人行道，中间走车，金属车轮滚碾石板路面所留下的辙痕，使人不难想象当年街上是何等车水马龙。

令人惊诧不已的是，庞贝城具有完整的供水系统。每个大街十字路口都修建了刻有精致雕像的石制水池，高近1米，长约2米，供人们取用。而那源源不断的清水，则是聪明的庞贝人通过一套巧妙的引水系统自动注入城内的，他们修起高架水槽，将城外山泉引至城内最高点的水塔，再通过铅制供水管分流到各个公用水池以及豪门庭院。

城内还有三座公共浴室，每座用一个锅炉统一烧水，将热水温水分导到男女浴室。公共浴室设施齐全，冷热浴、蒸汽浴俱全，还有化妆室、按摩室，装饰华丽，与现代公共浴室几无多大差别。

城西南有一个长方形广场，是全城的政治、经济和宗教活动的中心。

广场的东北是庞贝城的商业区，考古学家在这里发现了干枯的杏仁、栗子、无花果、胡桃、葡萄等果品，可以设想当年这里店铺林立，商品琳琅满目，车来人往，一派繁华景象。

经考古证实，许多店铺同时又是手工作坊，主要经营项目就是日常用品，比如面包、呢绒、珠宝、香料、玻璃品以及铁器等等。有的作坊内工序设备仍历历在目，如呢绒作坊的洗涤羊毛的石槽、染缸以及漂白设备等等。更令人大为惊奇的是，有一家面包房里，烘炉里有一块已经烤熟的面包，不仅其外形保持完整，而且上面所印的店名还能被清楚地辨认出来。

城的东南角是规模宏大的露天角斗场，呈圆形，周围是阶梯状看台，可容纳20000名观众，相当于当时整个庞贝城的人数之和。这个角

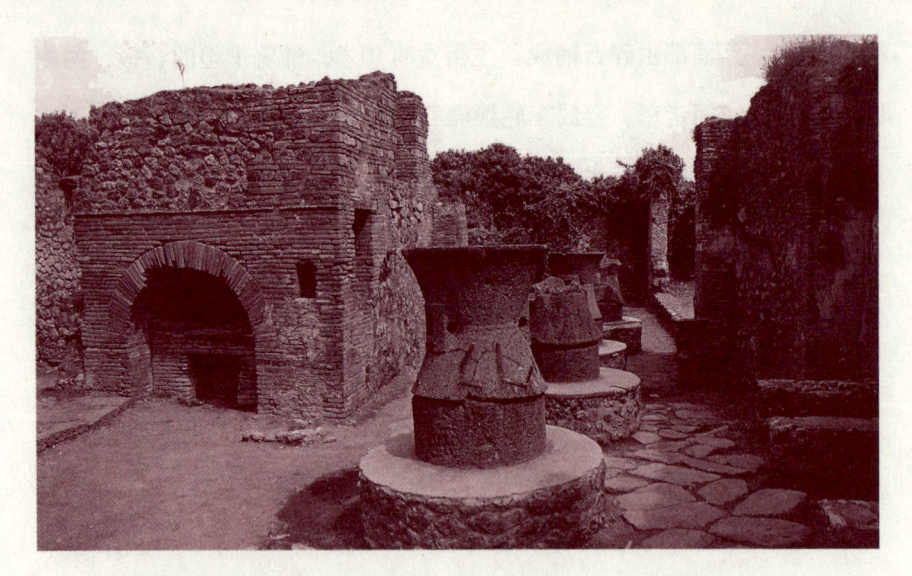

庞贝城中的面包作坊　四座圆形磨坊矗立在砖砌成的烤炉旁。

斗场建成于公元前70年,比罗马的圆形大剧场还要早40余年。

庞贝城内还建有许多达官贵人居住的豪华别墅,处处弥漫着古罗马式的奢华情调。住宅大门一般都有大理石圆柱和雕花门楼,宽敞的庭院里不仅有花草、水池,还有大理石雕成的人物走兽像以及各种精美的石雕刻品。石像的设计美观而精致,它们体内的细孔可以喷出水来注入水池,形成人工的小景点,宅内正厅、餐厅、卧室、浴室等各种生活设施应有尽有,室内陈放着珍贵的青铜和银制器物,而墙壁和地板则由精致的图画装饰着。

在庞贝城中最引人注目的,就是那些虽然历经千年却依然色彩鲜艳的壁画,生动地反映了庞贝人精神生活的一个侧面。经专家鉴定,壁画绘制大约从公元前2世纪时开始兴起,到被火山灰冻结时已发展了300年左右。最初,在城市中流行的是墙壁装饰镶拼画。这种镶拼画大多采用石膏制成的各种彩色仿大理石板为原料,在墙上镶拼嵌合成简单的图案,也有少数以大理石片、彩色琉璃片为原料的极其富丽的镶拼画。

1831年出土的著名镶拼画《伊索斯之战》，表现的是马其顿国王亚历山大击溃波斯国王大流士三世的战争场面，虽然所用嵌片的颜色只有白、黄、红、黑4种，但画面却给人以丰富的色彩感受，线条柔和，栩栩如生，显示了罗马画师的高超技巧。

终结一切的18小时

终结一个城市需要多长时间？人类使用军事力量可能需要几天或数年，但大自然可怕的力量却可以在短短18个小时内，就捣毁一个繁华的城市，吞噬无数的生命。

公元63年2月，庞贝曾发生过一场大地震，给城市带来了严重的创伤，诸多公共建筑和房屋坍塌，许多人丧生于瓦砾中……而后，努力修复家园的庞贝人没有意识到，大地颤动发出的声音其实是沉睡的火山即

庞贝城西南角的广场　它是全城的政治中心，神庙、公共市场、市政中心大会堂等城内最宏伟的建筑物都集中在广场四周。

法国著名画家勒鲁的杰作《维苏威火山爆发》

将苏醒的信号——庞贝的灭顶之灾临近了!

公元79年8月初,维苏威火山周围的地区又发生了多次震颤。8月20日,这一地区发生了一次震级不高的地震,一些对公元62年的地震还记忆犹新、心有余悸的人们纷纷收拾起财物,开始向安全地带撤离。事实证明,他们走得再及时不过了!

8月23日夜晚或24日清晨,火山灰化成股股白烟开始从火山口溢出,下风处的地上铺上了一层薄薄的火山灰,这正是火山爆发的前兆。但是,过惯了安定祥和日子的庞贝居民却没有太在意,他们照常生活、工作,因为以前也常有此类现象发生,但过一阵子就烟消云散了。

然而,令他们连做梦都没有想到的是,就在下午1点钟左右,火山这只恶魔终于显露出它狰狞的面目:随着一声震耳欲聋的爆裂声,维苏威火山变成了一门巨大的、炮口冲天的火炮,先是熔化的岩石以超音速的速度冲出温度高达1000度的火山口,而当火山内部再也承受不住巨大的压力时,惊天动地的喷发令火红色的砾石飞上7000米的高空,同时又被粉碎成小颗粒,在失去向上的动力后如烟花般四散开来,扩散成一个大云团,被气流带往东南方向——庞贝城的梦魇降临了!

18个小时后,约100亿吨的浮石、岩石和火山灰,将庞贝城"包裹"得密不透风,曾被誉为美丽乐园的庞贝城自此从地球上彻底消失,城内的建筑和来不及逃走的居民,被火山灰变成了一个个"时间胶囊",埋在泥土深处等待下一个千年的来临。

庞贝人,在毁灭中获得永生

"在世界上发生的诸多灾难中,还从未有过任何灾难像庞贝一样,它带给后人的是如此巨大的愉悦。"这是德国诗人歌德在看过庞贝遗迹后所发出的感慨。

是呀,庞贝城的确打动了我们,因为千年之前的那个世界,如今

庞贝城最东端的露天剧场 约建于公元前1世纪,是古罗马圆形剧场中最古老的一个,比罗马的圆形竞技场还要早40余年。

竟然这样生动鲜活地呈现在我们的面前,触手可及。维苏威火山突然爆发的"黑色幽默",将这座城市不由自主地推出了历史轨道,但在考古工作者两个多世纪的努力下,昔日的欢乐和痛苦、希望和焦虑终于得以重现,使我们切实感受到了庞贝人当时的优裕生活。

考古发现,庞贝城是一个和谐有序的社会,从未有过阶级斗争,也没有种族歧视,妇女拥有和男人一样的地位。每年7月,市民们都会参与选举市政官员。另一方面,繁荣发达的工商业,使这个城市产生了不少银行家,商业之神墨丘利清秀可人的形象随处可见。

庞贝人对神极为崇拜,也不排斥外来的神,他们认为赫拉克勒斯是庞贝的创造者,维纳斯则是庞贝的守护者。这位爱情与自然女神赢得了这座如田园诗般美丽而又骄奢纵乐的城市的由衷崇敬,在城里几乎无处不在,酒馆的招牌上、店铺中、别墅里、花园中以及角斗士的营房里

这是一幅庞贝城中的马赛克镶嵌画,表现了当时街头艺人卖艺的情景。

庞贝古城特里库留姆餐厅及室内壁画

都能看到她的形象。

　　善于生活的庞贝人，十分重视日常的娱乐活动。考古学家推算出，在庞贝城内已挖掘出来的土地中，大约有10%用于建造体育和娱乐设施，包括一个竞技场、多处体育场和公共浴场，以及两家剧院。庞贝人除了喜爱成群结队地观看角斗士那充满暴力的格斗之外，还热衷于争先恐后地到剧院欣赏戏剧和其他形式的娱乐活动。

　　庞贝大剧场上演的剧目异彩纷呈，有时是希腊悲剧，但更受观众喜爱的是罗马作家撰写的喜剧，还有哑剧，以及极似芭蕾的表演。演员们技艺纯熟，仅通过肢体语言便可把喜怒哀乐生动地展现给观众。最受观众欢迎的莫过于滑稽剧，滑稽剧演员们在舞台上吵吵嚷嚷，扮演贪食者、小丑、吝啬鬼和小偷的形象。在大剧场的墙壁上，涂满了喜爱戏剧的庞贝人对他们最喜爱的演员的赞誉。其中，最受欢迎的是

《庞贝的末日》 俄国画家布留诺夫的绘画作品

一位名叫帕里斯的哑剧演员,他的名字反复出现:"帕里斯,我的挚爱""帕里斯的崇拜者们"。

庞贝城内还建有诸多旅店、客栈和妓院,一些住处还特地备有房间供客人饮酒和掷骰赌博,但男人们通常是在酒馆、街边的小酒吧和旅店里消磨时光。据考古学家在城市各处的统计,这里共有138家各式各样的卖酒处。酒馆里提供的餐饮和现代酒吧非常相似,有奶酪、面包、香肠以及冷却或加热的葡萄酒,非常适合在掷骰赌博和下棋时享用。

庞贝人非常喜爱美食,来自田地、小溪和大海的新鲜美味以及产于地中海地区的其他异乎寻常的水果、蔬菜,使庞贝人能够一饱口福。庞贝人的早餐是面包和蜂蜜,还有用来蘸干面包片的葡萄酒,也许还佐以橄榄和海枣;午餐要清淡些,一般是鸡蛋、面包和奶酪;晚餐则要丰盛得多,一般始于半下午或傍晚,按季节的不同,食物的供应情况和场合也有所不同。当然,那些条件差的人家不得不满足于小麦、豌豆或蚕豆煮成的粥,但是富裕的人家则可以尽情享受香气扑鼻的盛宴。由三道菜组成的晚宴时间可以很长：第一道菜可能是水生贝壳类动物和沙拉；接着是肉食，宴会上会有多种禽肉供选择，从鸽子、斑鸠、野鸡到孔雀、鸵鸟、火烈鸟应有尽有，还有近百种鱼类可供挑选；接下来是水果，然后是畅怀痛饮容器上标有酒商名字的美酒。庞贝还有大量的菜谱可供厨师参考，有的是埃皮瑟斯记录下来的，他是世界上第一批撰写菜谱书籍的作家。这些书中记录了如八宝睡鼠、松鼠以及用牛奶喂肥的蜗牛等美食，其中最著名的菜谱之一，是用火烈鸟的舌头和鲻鱼的肝制成的菜肴。

庞贝城最让人惊讶的还是它的涂鸦文化，已成为人们生活中的重要组成部分。从城市中出土的近6000个公共场所的题词中可以看出，有一半的涂鸦是个人留言，内容从动情的请求、诅咒到抒情的赞美诗，应有尽有，均表现出高超的驾驭文字的能力、极强的幽默感以及寻欢作乐时的粗俗。比如："啊！杰斯，愿你溃烂的脓包再次裂开，比上次疼得还要厉害。""祝愿请我吃午饭的人身体健康！"——一位起了疑心的情郎

这是繁华的大街上的一家小型快餐店，盛着饭菜和饮料的陶罐就摆放在这个古老的蒸汽桌上。

写道："无疑，我心爱的人罗米拉曾在此与她的情人幽会。"读者几乎能够听到在他不得不承认这一点时的叹息声。墙上的留言如此之多，一位涂鸦者甚至写道："啊！墙壁，我实在感到惊奇，在你承受了如此多的'涂鸦'后还屹立在原处。"

庞贝墙壁上这些质朴的留言，讲述的正是建造了这座城市的人们的生动故事，是他们纵情情感的印记。庞贝人奔放的个性和整座城市欢愉的风情令2000多年后的人们为之倾倒，以至于法国历史学家泰纳从庞贝归来后感叹道："那时候的人，是用整个身体活着。"

在城内一栋豪宅的墙壁上，当时的一个无名诗人留下了这样的诗句："没有什么东西可以永恒。太阳如此灿烂，它将会没入海洋……"虽然地球史上每一次火山爆发无不令地貌沧海桑田，但公元79年维苏威火山的爆发却的确令一座城市获得了永生——庞贝城以瞬间痛苦的毁灭为代价，穿越了千余年的时空，带给我们一个灿烂而又悲哀的不朽文明！

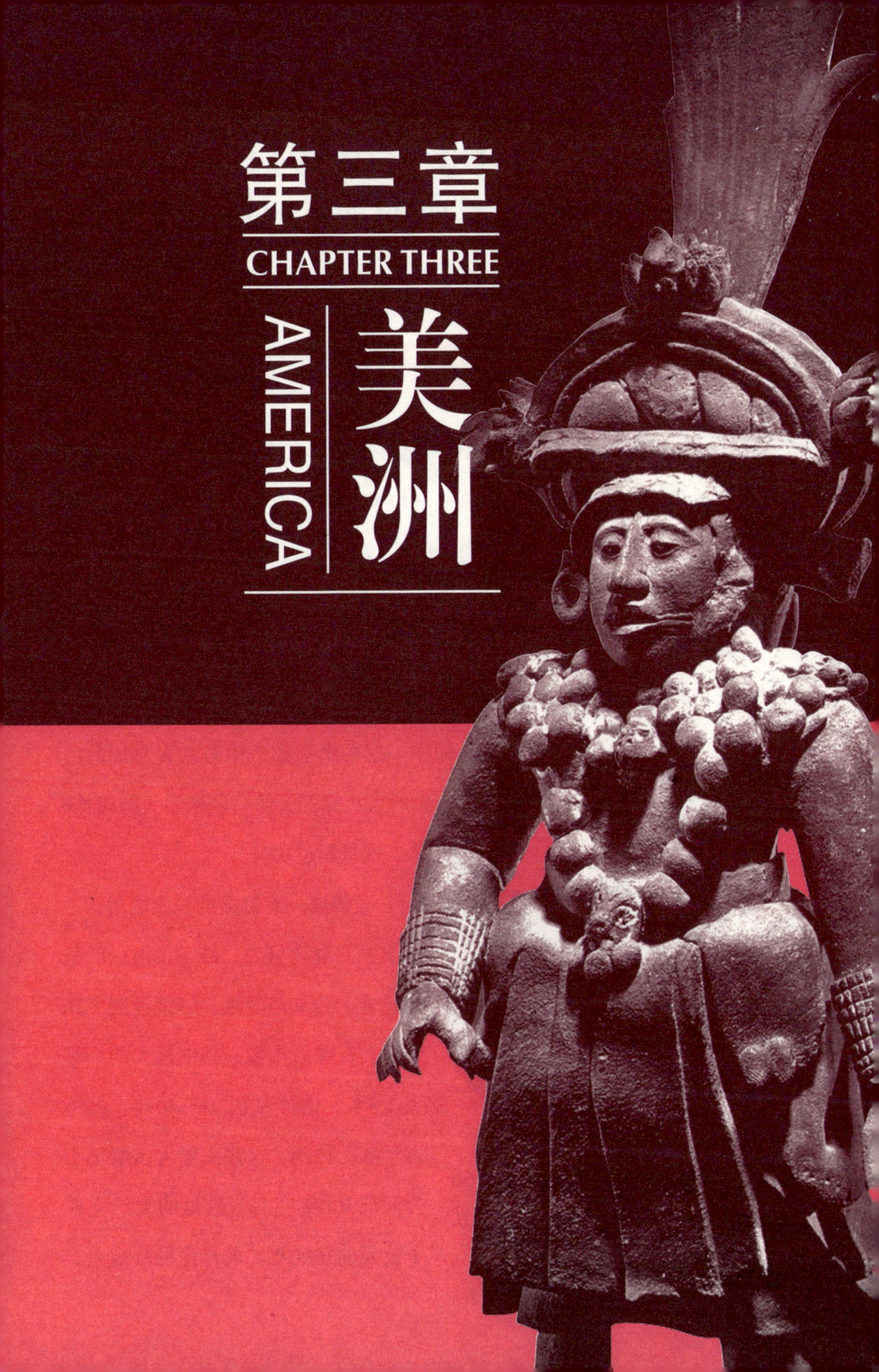

第三章
CHAPTER THREE
美洲
AMERICA

奥尔梅克文明：
遗失在森林中的远古记忆

丛林深处的巨石头像

在墨西哥民间，一直流传着这样一个古老传说：远古时代的密林里，曾生活过一个古老的民族——拉文塔族，他们住在仙境般的美丽城市里，有着高度发达的文明……

在神奇传说的魅力吸引下，墨西哥考古学会于1938年组织了一支考古队，走进了拉文塔族森林，去探寻这个传说中的古老民族。令人意外和欣喜的是，考古学家果然在热带森林一个名叫特雷斯·萨波特斯的小镇中，挖掘出了数个用玄武岩雕成的巨大的人头像：头像高两米多，圆周长6米，重量超过10吨。

获得这一有价值的线索之后，考古学家们继续努力，最终在附近的圣洛伦索、拉文塔等地，陆续发现了16尊巨大石雕人头像，其中最大的一尊高达3.3米，估计重达30—40吨。据考古学家们检测，这些头像大多雕刻于公元前300年左右，最早的大约完成于公元前1000年。最奇怪的一点是，

奥尔梅克文化的巨石头像，由整块玄武岩雕刻而成，一般认为是奥尔梅克国王的肖像。

这些巨大的石像都只有脑袋，没有身体。是谁雕刻了这些巨大的人头像，它们表现的又是什么人呢？

经过考古学家、历史学家和人类学家的多年研究，现在人们已经知道，这是一个比玛雅人更古老也更神秘的民族——奥尔梅克人留下的遗产，而他们所创造的文明也是在中美洲所发现的最早文明，堪称中美洲文明的"老祖母"！

巨石头像刚刚出土时的照片

奥尔梅克文明的发祥地，位于今墨西哥的维拉克鲁斯州和塔巴斯科州，西起帕帕洛阿潘河，东至托纳拉河，面积约为1.8万平方千米。这一带西部为洪泛区，东部为沼泽地，气候炎热多雨，河流众多，水草丰美，并且橡胶树成片，因此当地居民被称之为"奥尔梅克人"，意为"橡胶之乡的人"。

科泽科克斯河注入墨西哥湾的地方，是传说中奥尔梅克人的家乡。圣洛伦佐遗址位于科泽科克斯市西南方，正好坐落在奥梅克文化遗迹——"蛇神避难所"的中心。在圣洛伦佐无边无际的田野上，可以看到许多比较矮小的土墩散布在原野上，附近还有好几条深沟，是考古学家迈可·柯伊于1966年勘探这处遗址时挖掘的。

柯伊在这里发现了20多座贮水池，这些人工水库，由密如蛛网、用玄武岩砌成的槽沟串连成一个精密复杂的体系，其中一部分沿着山脊修建。排水设备的主要管线，从东边一直绵延到西边。3条支线流注入

奥尔梅克考古遗址博物馆

主线，设计十分先进。直到现在，每逢下大雨，这些水闸依旧会喷出水来，一如3000多年前。

在方圆近200公顷的拉文塔遗址，考古学家玛丽·波尔曾出土过一个圆柱形的玺印和一块绿玉残片，上面都刻有一些笔画

奥尔梅克生命树

纵横的形象与图案。他相信，这些镌刻于公元前650年的符号可以被看作是美洲文字的起源。

特雷斯·萨波特斯遗址如今只剩下几座土墩，散布在玉米田中。

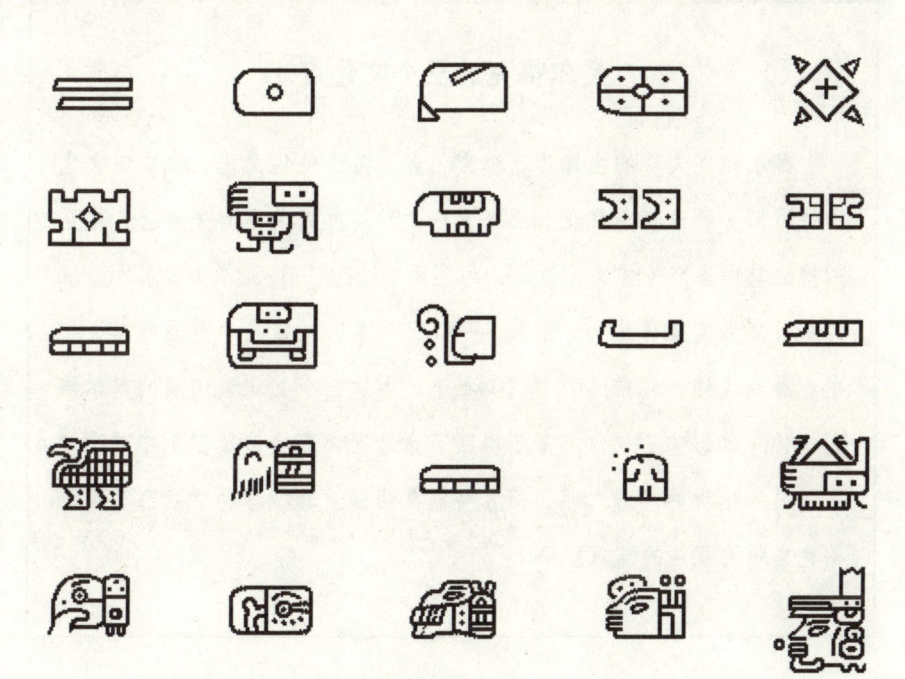

奥尔梅克符号文字

美国考古学家马休·史特林在这里挖掘出了令人惊异的古物——装着轮子的玩具小狗。这显然是当时的工艺品,一举推翻了考古学界普遍的观念:直到西班牙人入侵后,中美洲土著才懂得使用轮子。

史特林还在古城发现了一些金字塔,主要的金字塔矗立在遗址南端,塔高30米,直径几乎达60米,总体积大约在30万立方英尺左右,底部略呈圆形,整座塔模样看起来像一个有凹槽的圆锥,塔身有10道垂直隆起的脊骨,中间有沟槽——无论从哪一种标准来衡量,它都称得上建筑史上一大奇迹!

奥尔梅克雨神像陶香炉

文明百科链接

奥尔梅克的三个文化点

奥尔梅克文明的主体为三个文化点:圣洛伦佐文化、拉文塔文化和特雷斯·萨波特斯文化。三个文化的发展和繁荣期有先有后,相互衔接,其中圣洛伦佐文化最早(约公元前1200—前900年),其次出现的是拉文塔文化(约公元前900—前600年),特雷斯·萨波特斯文化出现最晚(约公元前500—前100年)。由这三个文化点组成的奥尔梅克文化,其影响不仅仅局限于墨西哥本地区,而且遍及整个中美洲地区。其后出现的玛雅文明、阿兹特克文明以及其他各种文明都与奥尔梅克文明有很深的渊源。

轮廓模糊的历史

现在，虽然人们已经部分破译了隐藏在遗迹背后的文明密码，使奥尔梅克文化的大体轮廓逐渐呈现出来，但还远远没有真正揭开这个地区的史前民族的全部秘密，考古学家除了承认奥尔梅克文化对后来的一些中美洲文化产生过巨大的影响外，对奥尔梅克人的生活、发展历史还所知甚少，甚至近乎空白。

艺术与文化成就

奥尔梅克文明的一个最重要的标志，就是大量的石头艺术品和石头建筑。透过考古发掘的材料，我们可以发现，奥尔梅克人具有高超的艺术技巧，这尤其突出地体现在他们的石雕作品、制陶工艺和筑墩建房技巧上。

"奥尔梅克巨石头像"是奥尔梅克文化中最闻名于世的艺术品，这些头像具有强烈的写实性，构思完善，雕刻工艺十分精美，虽然历经数千年的风雨，仍然保持着诱人的艺术魅力。其中最大的青年头面雕像，重达30吨，高3.05米左右，鼻子扁平，嘴唇厚大，眼睛半睁，呈扁桃状，眼皮显得十分沉重；头戴一顶装饰有花纹的头盔，遮住了两耳。考古学家认为该头像可能是当时奥尔梅克领袖的雕像，或者就是一种向死者表示敬意的纪念物。

奥尔梅克人喜欢用翡翠绿玉做各种珍贵的礼器、宗教用具和装饰

奥尔梅克人制作的玉石餐具，雕刻非常精细，光滑柔润，小巧玲珑。

品，在奥尔梅克人看来，最为贵重的物品是玉石，绿色玉石所折射出的颜色仿佛滴翠的青玉米或荡漾的碧波，由此绿玉成为"珍贵"和生命自身的同义词，代表着"第一流的无上的体面"。

奥尔梅克人的这些作品，既反映了他们独特的宗教信仰，又形成了一种方正凝重、深厚圆润的风格，成为奥尔梅克艺术的典范。他们的石雕艺术为后来的玛雅人所继承，在玛雅文明时期，玉石制品和玉石图像遍及整个玛雅地区。

奥尔梅克文化出土的美洲豹形象的容器。在奥尔梅克人眼中，美洲豹代表着他们崇尚的神力。

在奥尔梅克文明早期，奥尔梅克人还制作陶器，主要以灰黄色粗砂陶为主，均为手制，器形较厚，表面一般没有什么装饰。大约到了公元前1000—前800年，制陶技术大有进步，出现了具有玛雅文化特征的黑色陶器，以钵形器和壶形器为主，器壁仍然较厚，表面先经磨光，然后刻出富有代表性的花纹。

奥尔梅克人在建筑艺术上也表现出高度的智慧和创造力。拉文塔的祭祀台坐落在一广场南端，呈圆形，高30米，底座直径128米，为泥垒土砌而成，用土10万立方米，面积为5平方千米。在这个高大的土台上矗立着一座座神庙或祭台，并且出现了美洲最有特色的神庙形式——在约莫10层楼高的塔状高台顶端雄踞着一座壮丽的神殿，远观之，整座建筑看起来就像座金字塔。这一建筑风格后来也为玛雅人和阿兹特克人所继承。

奥尔梅克人的民居也是土垒的，由于他们生活的地方洪涝灾害多发，为防水淹，所以不得不挖土筑墩建房于土墩之上。考古发掘出两种土墩：一种呈圆形或方形，面积不大，往往数座土墩聚集在一处；另一种为长堤状，长达30米。前者无疑是民居遗址；后者根据长堤下方出土的大量石片、石斧等石器判断，应为工匠集体劳动的工棚遗址。

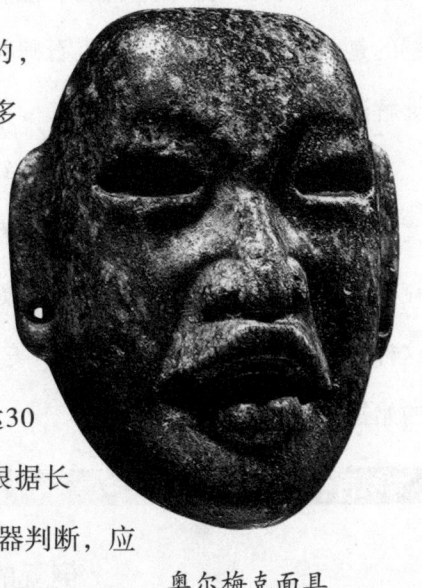

奥尔梅克面具

最令人不解的是，奥尔梅克文明虽然从年代上说是中美洲最古老的文明，但在许多方面都显得比后来的文明更为先进。1939年1月16日，在特雷斯·萨波特斯出土了一块石碑，石碑的正面刻有由"点""横"组成的数字，竖行排列，经破译意为"公元前31年"。

奥尔梅克人发明的这种用"圆点"和"横线"表示的十进位制数学符号和一整套数学计算方法，可以说是二进制发明以前世界上最简明的数学符号，它比我们日常使用的阿拉伯数字更简明、更直观，也更接近电脑数学语言。

做成神庙形状的奥尔梅克陶瓶

依靠数学计算和天文观测，奥尔梅克

人还创建了自己的历法。同时，他们也发明了一套独特的象形文字，遗憾的是，那些铭刻在奥尔梅克石碑和器物上的象形文字至今还没有人能够解读。

后来，奥尔梅克人发明的数学和历法为玛雅人所继承，但他们的文字体系却失传了，玛雅人另外发明了一套象形文字，远比奥尔梅克人的象形文字更繁杂。但无论如何，奥尔梅克文明的发现昭示了这样一个真理：奥尔梅克人是中美洲文明发展进程中创造文字和历法的始祖。

文明百科链接

倒置的石像

大量奥尔梅克时代的遗物被发现时，无一例外地被上下颠倒地埋在土里，这到底是什么原因呢？有人推测可能是灭亡奥尔梅克人的其他印第安部落干的，也有人说这是奥尔梅克人在被异族消灭前为了自我拯救而做出的一种绝望的努力。但在1960年，美国考古学家麦克尔·考在圣洛伦佐的一处奥尔梅克文明遗址挖掘出了许多大型石器，其中有一个下跪的人像、一只美洲虎石雕和一些头像。这些石像上有某种类似的被破坏的痕迹，它们的出土地点也明显呈现出一种规则排列。麦克尔·考认为唯一的解释就是这种排列方式来源于宗教仪式，而不是大难临头之际的应急措施。

奥尔梅克人源自何方

从整个奥尔梅克文明来看，它既没有进入所谓的青铜器时代，更没有进入铁器时代，而是一直停留在石器时代。可是，它又达到了相当高的文明程度，对中美洲的宗教、艺术、政治结构和等级社会都存在着重大影响，更让人疑惑的是，在这之前，中美洲这片土地上从没有发现任何和它相关的、能够和它连接的一些文明的迹象。

因此，如果说这种文明是本土生长的，那它怎么能发生这种突变和飞跃？如果它不是本土生长的，就必须是外来的一个文明因素介入其中，那么，这个文明又是从何而来呢？这些中美洲文明的启蒙者到底是一些什么人呢？

最先发现奥尔梅克巨石人头像的考古学家认为，有些人头像似乎有非洲人的特征。

但也有人认为，中美洲的第一个灿烂的古文明，有可能是殷商末年一批渡海逃难的中国人协助建立起来的。首先，就时间上来说，奥尔梅克文明在公元前1200年前崛起，与之对应的正好是中国殷商王朝终结的年代。而我国古籍中也曾经记载过，灭殷以后，殷人中间最厉害的、最能征善战的一族叫作飞虎族，也叫白虎族、虎族。他们不愿意做周的臣民，就东渡了。

中国四川三星堆遗址出土的青铜兽面，与奥尔梅克人塑造的美洲虎形象的确有几分相似。

第二，殷人崇虎，在殷商时代的青铜器上面，可以看到大量的虎的图案。而美洲虎在奥尔梅克人眼中代表权力，奥尔梅克人相信生命以美洲虎的形式出现，酋长和祭司是美洲虎的替身，美洲虎是力量和智慧的象征——虎的地位在二者间有惊人的相似处。

第三，在拉文塔的宗教祭祀遗址中，还曾出土过一批用翡翠和蛇纹岩雕成的小人像，任何一个不抱偏见的人都不难认出，那是典型的中国人的面孔、中国人的扮相。

最后，任教于美国俄克拉荷马中央州立大学外文系的中国教授许辉，提出了一个非常有力的证据——文字。他从奥尔梅克人的陶器、玉器、石雕的照片或实物上找到了近150个文字符号，除了自己翻古文字典，也拿摹本请中国大陆的古文字专家鉴定，大都肯定这些文字符号十分近似中国的甲骨文或金文。而许辉在美国华盛顿国家画廊于1999年6月至10月举行的奥尔梅克文化展中发现的一个殷商遗民的祭祀品，进一步佐证了他的论点。

因此，有些学者认为，正是中国商朝的流亡者们来到中美洲，才形成了奥尔梅克文化。然而，很多考古学界的同仁并不十分认同这一观点，这一问题目前仍在争论中。

除此以外，还有人认为奥尔梅克人带有盎格鲁－撒克逊人种的特征。

白种人，黄种人，还是黑种人？奥尔梅克人究竟来自哪里？

奥尔梅克巫师雕像 奥尔梅克人到底是什么人种，又是从哪里来的，至今还是一个谜。

他们的文化形成,他们与其他民族的关系到底如何?人们不得不承认,奥尔梅克文化是最难理解的古代文化之一,目前这一切还都是未知数。

公元前100年左右,奥尔梅克文明衰落中断,仅存遗风。然而文明的火炬并未就此熄灭,奥尔梅克文明以"中美洲文化之母"之姿被中美洲各文明继承下来,从神权政治、金字塔神庙、纪念碑和祭台,到象形文字、历法系统、美洲豹崇拜和活人祭神,甚至橡胶球死亡游戏,以及奥尔梅克人对玉石、可可豆和奎扎科特尔凤鸟的喜爱,也都被其他分支的印第安人承接下来,继续照耀着中美大陆的丛林与沟壑!

奥尔梅克人俑

文明百科链接

奥尔梅克文化与玛雅文化的关系

奥尔梅克文化和玛雅文化都曾存在并兴盛于中美洲，所以，很多考古学家认为二者之间必然存在着某种联系。耶鲁大学的考古学家迈克尔·科博士曾指出，奥尔梅克文化的影响遍及中美洲各地区，唯一疏漏了一个地方，就是玛雅。后来，科博士和同事在史前古器物上找到了奥尔梅克文化对玛雅文化影响的痕迹。他们推断，从公元前100年起，玛雅城市中开始清晰地出现奥尔梅克艺术、宗教信仰、橡皮球游戏和奥尔梅克统治者在庆祝仪式上的着装。玛雅经典金色神像也和奥尔梅克神像有许多相似之处。所以，科博士认为，奥尔梅克文化对玛雅文化的影响是以一种非直接的方式进行的，它们中间经过了另一种文化——伊扎帕文化。伊扎帕是墨西哥恰帕斯内的一个地方，在这里，既可以看到奥尔梅克雕像，又能看到玛雅油画，可见，它曾经连接了奥尔梅克文化和玛雅文化。

玛雅文明：
戛然而止的文明音韵

玛雅文明的毁灭与重现

1502年，哥伦布最后一次远航美洲，船在洪都拉斯湾靠岸，在当地的市场上，一种制造精美的陶盆吸引住哥伦布的目光，卖主告诉他，这漂亮的陶盆来自"玛雅"——这个神奇的名字，就这样传入欧洲人的耳朵，但当时并没有引起人们的注意。

1511年，一艘海船从巴拿马前往圣多明各，途中遭遇海难沉没，12个幸存者登陆尤卡坦半岛。两周之后，他们与玛雅人不期而遇，其中5人成为玛雅人祭坛上的牺牲品，剩下的人侥幸逃脱后心有余悸地讲述了他们的历险。这使玛雅人在欧洲人眼中留下了根深蒂固的印象，恐怖、野蛮、血腥被定格成为历史的记忆。

1519年，西班牙殖

西班牙神父狄亚哥·迪兰达的肖像，他是一个宗教狂热分子，给玛雅人和玛雅文化带来了灭顶之灾，但另一方面，他收集的有关玛雅的材料无意间给后人留下了宝贵的资料。

奇琴伊查玛雅天文台圆顶上有许多对着各个星座的天窗。

民者开始了征服玛雅的进程。此时玛雅文明早已衰落，但在尤卡坦半岛上，还残存着一些玛雅小邦，不肯屈服的玛雅人展开了长达百余年的游击战，直到1697年，最后一个玛雅城邦在西班牙人的炮火中灰飞烟灭。

　　16世纪的欧洲人，双眼被无知、偏见和贪婪所蒙蔽，除了闪闪发光的金子，他们什么也看不到。在狭隘的宗教感情的驱使下，入侵者砸碎了无数神像和祭坛，烧掉了无数的历史文物，用这种野蛮无比的方式，有系统地消灭"异教"文化。1562年7月，在曼尼城中心广场上，西班牙神父狄亚哥·迪兰达亲手烧毁了成千上万的玛雅古籍抄本、故事画册和书写在鹿皮上的象形文字书卷。他得意扬扬地记录道："我们搜查到大批书籍，记载的全是迷信的玩意儿和撒旦的谎言，我们干脆放一把火把它们烧掉。当地土著眼睁睁在旁观看，心痛极了，难过极了。"

心痛的又岂止是"土著"？后来想探知古代文化和历史真相的人，无一不为这场文化浩劫感到痛心。

不过，狂热的宗教徒迪兰达一面不遗余力地摧毁着古老的玛雅文明，另一面也做出了一件值得后世称道的事情：他写了一本名为《尤卡坦纪事》的书，记述了尤卡坦半岛上的玛雅人的生活习俗、文化和建筑等，内容极为丰富，对人们研究玛雅的历史文化有着极重要的参考价值。

16世纪殖民征服的烽烟渐渐平息之后，灿烂神奇的玛雅文明也逐渐沉落在黝黑的历史深处，被世人完全遗忘。此后将近200年间，自居为美洲新主人的欧洲人一面大肆宣扬"印第安人无文明"的谎言，一面又把自己毁灭文明的殖民罪行美其名曰"履行文明传播的使命"。

直到18世纪末，由于启蒙运动的开展和历史眼光的提高，西方人才又对200年来他们视而不见的美洲文明产生兴趣。玛雅沉睡的密林深处回荡起陌生人的脚步，旅行者到这里寻找传说中的神奇和美丽，追怀一个杳然的世界，而考古学家则想要寻回一段失落的文明。

1839年11月17日，在中美洲洪都拉斯的丛林中，年轻的美国探险家约翰·劳埃德·史蒂文斯和英国探险家弗雷德里克·凯塞伍德无意中闯入了一处藤缠蔓绕的古代废墟，这里就是玛雅古城科潘。

这座迷失已久的城市，如

金双鱼垂饰

今只剩下灌木丛生的断壁残垣：坍塌的神庙留下一块块巨大的基石和纪念碑，上面有精美的雕饰和象形文字；石板铺成的马路，标志着它曾经是个车水马龙、川流不息的闹市；路边修砌着排水管，显示它曾经是个相当文明的都市；石砌的民宅与贵族的宫殿尽管大多都已倒塌，但仍可依稀窥见当年喧杂而欢乐的景象……

而所有这些石料，无不苍苔漫游，或被荒草和荆棘深深掩盖，或被蟒蛇一般行走的野藤紧紧缠裹；从马路和房基上破土而出的树木，无情掀翻了石板；而浓荫逼人的树冠，则急不可待地向废墟上延伸，仿佛急于掩盖某种神秘的奇迹……如此荒蛮的自然景象与异常雄伟的人工遗址，形成巨大的反差，令史蒂文斯和凯塞伍德激动不已。

玛雅古城帕伦克的历史可以追溯到公元前1世纪，城市发展的顶峰时期是公元600年至700年间，素有"美洲的雅典"之称。

随后，他们到达另一古城废墟帕伦克，并很快注意到这里的象形文字与他们在科潘见到的如出一辙。为了证实这个发现，他们又造访了位于帕伦克东北部400千米以外的乌克斯玛尔城废墟，仔细察看了尤卡坦半岛上的其他遗址和近海的岛屿。在大量事实的基础上，史蒂文斯和凯塞伍德断言："整个地区一度居住过同一个民族，他们讲同一种语言，至少，他们的书写形式是一样的。"

1841年，返回纽约的史蒂文斯和凯塞伍德出版了《中美洲恰帕斯及尤卡坦旅途见闻》一书。1843年，又出版了《尤卡坦旅途见闻》一书。由于凯塞伍德是一名杰出的画家，所以书中有大量关于玛雅艺术品和遗址的插图。

一石激起千层浪，这两本书在社会上引起了轰动效应，使玛雅从默默无闻骤然转变成人们热切关注的对象，中美洲田野考古史的序幕也就此拉开。史蒂文斯和凯塞伍德因此被誉为古玛雅文化的发现者。

20世纪以来，一批又一批的考古人员来到洪都拉斯，随后又把寻幽探胜的足迹扩大到危地马拉、墨西哥以及整个中美大陆。据统计，各国考古人员在中美洲的丛林和荒原上共发现废弃的玛雅时代的城市遗址达170多处，整个疆域包括墨西哥南部的尤卡坦半岛、塔巴斯科州和奇阿帕斯州的一部分，危地马拉和伯利兹全境，以及洪都拉斯和萨尔瓦多的西部，总面积达32.4万平方千米。

随着探险范围的不断扩大，一个古老的文明——玛雅文明的图景逐渐呈现在人们眼前，为人们展示出一幅自公元前1500年到公元16世纪玛雅人创造的文明奇迹。有人把玛雅人比做"新世界的希腊人"，其实他们所创造的很多文明奇迹与古希腊人相比毫不逊色。

文明百科链接

玛雅人的生活

　　玉米是玛雅人最主要的农作物和主食。玛雅人会用玉米制作一种调拌上辣胡椒的稀粥。他们还会用玉米酿造一种叫作"巴尔契"的酒精饮料,用蜂蜜和树皮增加甜味。玛雅人没有金属可用,也没有马或牛来驮运沉重的物品,只能使用石头和木头工具干活。而从事农耕的家庭,大都老少三代聚集在一起,居住在靠近农田的狭小简陋的住房里。他们的房子是用竖立在一起的木桩建成的,屋顶用棕榈叶和茅草铺絮,坡度一般很陡,以便雨水流下。房屋的一半用来做饭和用餐,在涂了灰泥的地面中央有一个火坑,家人都睡在房屋另一半用木料和树皮架起的床上。

几千年间的兴盛与衰落

　　自玛雅文明走入世人的眼中,便显露出它独特而持久的魅力。它是中美洲印第安先民在与亚、非、欧古代文明相互隔绝的条件下,独自创造的伟大文明,是哥伦布抵达之前新世界人类成就的最杰出代表。

　　玛雅从无一个统一的强大的帝国,整个玛雅地区分成数以百计的城邦,然而玛雅各邦在语言文字、宗教信仰、习俗传统上却属于同一个文化圈。通常,玛雅文明被划分为前古典期或形成期、古典期和后古典期三个历史时期。

前古典期，玉米文明

　　玛雅地区最早出现陶器是在公元前1500年前后，陶器的出现标志着前古典时期的开始。这时，在尤卡坦半岛中央佩滕盆地及其周围山谷，印第安人的"农业革命"已大功告成，一种河谷中的野草经过几千年的培育，变成了既甜美又富营养的粮食——玉米。玛雅人从此定居下来，制作陶器。玉米和豆类是主要的果腹之物，而肉食相对较少。他们自称是玉米人，而他们的文明也被称作"玉米文明"。

　　位于危地马拉市郊的卡米拉瑚郁，繁荣于前古典期末期。由于它控制着约20千米外的黑曜石矿区，因而发展成黑曜石的主要集散地和加工地；它还是控制由东往西的玉石商路和自北向南的奎特查尔凤鸟羽毛商路的双重枢纽，所以成为玛雅早期最大的城市。

　　公元前后的二三百年间，玛雅文明的主要特色已在卡米拉瑚郁和其他玛雅南部城市发育成形：由土台、祭坛等组成的早期祭祀中心已建立，此后出现国家萌芽，并出现象形文字。一个势将烛照人类文明史的伟大时代已经起航。

玉米神陶香炉

古典期,辉煌的顶峰

公元300—900年,玛雅进入古典期,最具代表性的玛雅文明在这一时期发展至巅峰。各地较大规模的城市和居民点数以百计,都是据地自立的城邦小国,但各邦使用共同的象形文字和历法,城市规划、建筑风格、生产水平也大体一致。现存主要遗址,大多分布在中部热带雨林区,蒂卡尔、瓦哈克通、彼德拉斯内格拉斯、帕伦克、科潘、基里瓜等祭祀中心已形成规模宏大的建筑群。

帕伦克是古典时期最美丽的玛雅城市,人们甚至将它誉为"美洲的雅典"。它坐落在崇山峻岭之中的一个山坡上,环绕四周的是密不透风的原始森林。古城自东向西沿河谷地带平缓地延伸11千米多,奥托罗姆河从市中心缓缓流过。城内的神庙、宫殿、广场、

耸立在金字塔顶端的"碑铭神殿"

玛雅古城科潘复原图 科潘曾是古代玛雅人的宗教和政治中心之一,也是玛雅文明中最古老且最大的古城遗址。

民舍等依坡而建,错落有序,形成雄伟壮观的古代建筑群,且所有建筑物的外表都装饰着精美绝伦的灰泥雕塑和石灰石板浮雕,为此获得了"雕塑之城"的美名。蓝天白云下,那些玲珑秀巧的建筑点缀在绿浪翻涌的热带丛林之中,敦实的方形石屋上高耸着镂空的顶饰,五颜六色的灰泥雕塑使它们显得无比富丽,温暖的石灰与彩色的浮雕在阳光下流溢着悦目的光彩,使帕伦克像是镶嵌在热带浓荫中的一串多彩的宝石。

帕伦克最负盛名的"碑铭神殿",矗立在一座有9层台阶的巨石金字塔的顶端。神庙有5个门,在其内一厅的三面墙壁上雕刻了617个象形文字,是最长的玛雅铭文之一。玛雅文化的第一道谜题,就破解于此。

1950年,墨西哥考古学家鲁兹·卢伊利埃在考察碑铭神殿时,发现内墙一直延伸到地面之下，并且注意到地板的一块大石板周边有钩眼，可供提升之用。当他把那块大石板慢慢吊起来时，突然发现了一条石砌的通道向地下延伸。

鲁兹花了3年的时间才终于将通道清理出来，它向下延伸约20米，尽头立着一堵厚重的门。打开这道门，摇曳的灯光下，玛雅考古史最惊人的景象出现了：一座国王的陵墓和他巨大的石棺横陈眼前！墓室长10米，宽4米，高7米，四壁的浮雕代表玛雅神话的9个夜神（亦称阴间9个主神）。整个石棺用一块5米长、3米宽的巨石雕成，里面的人物正是王朝盛世的建立者——帕卡尔国王。

在碑铭金字塔里的帕卡尔墓葬被发现之前，人们一直认为玛雅没有强大的王权，金字塔式的神庙也只是神庙而已，不像埃及金字塔那样是国王的陵墓。可是重见天日的帕卡尔陵墓将这些谬误冲得烟消云散，它第一次破天荒地告诉人们：玛雅城邦存在着强大的王朝和著名的国王！

玛雅社会的统治阶级是祭司和贵族，国王世袭，掌管宗教礼仪，规定农事日期。公社的下层成员为普通的农业劳动者和各业工匠。社会最下层是奴隶，一般来自战俘、罪犯和负债者，可以自由买卖。

玛雅人笃信宗教，崇拜太阳神、雨神、五谷神、死神、战神、风神、玉米神等神祇。其中，"羽蛇神"是最崇高的神，由奎特查尔凤鸟羽毛和响尾蛇组合而成，它被视为伟大的组织家、城市的建立者、数学、冶金学和天文学之父，传说是它给百姓带来了文明。

后古典期，延续与湮灭

然而，就在玛雅文明处于极盛之时，大约在800—900年左右，数以百计的玛雅城邦突然被纷纷遗弃，繁华的都市几乎在同一时期——湮灭，辉煌的古典时期文明匆匆降下帷幕，一出波澜壮阔的历史剧戛然而止。那些创造了无数神奇的玛雅人，打起行李，抛弃了舒适的家、熟悉的街道、广场、庙宇和宫殿，其中的一部分迁徙到了尤卡坦北方的荒野，建立了奇琴伊察、乌斯玛尔和玛雅潘等著名城市，创造了后古典期的玛雅文明，成为玛雅文明最后的残存。

后古典期的玛雅以奇琴伊察为都城，文化中带有浓厚的墨西哥风格，建筑中出现石廊柱群及以活人为祭品的"圣井"、球场，还有观察

奇琴伊察的武士庙 建于公元11世纪，以内部占地广阔著称。穹隆形的石房顶用木楣支持，木楣则放置在石柱之上。现在，房顶和木楣都已不见，只有石柱石墙仍然留存。

天象的天文台和目前保存最完整的高大的金字塔式台庙，崇拜羽蛇神魁扎尔科亚特尔。1224年，奇琴伊察的政权被推翻，北部的玛雅潘成为后古典期文化的中心。这一时期的陶器和雕刻艺术都较粗糙，世俗文化兴起，并带来好战之风，玛雅潘的统治者与其他城邦结成联盟，用武力建立起自己的统治。1450年，大概由于内部叛乱，玛雅潘被焚毁，此后百年文化趋于衰落。当西班牙人登上美洲大陆时，玛雅地区早已处于分崩离析的状态，而在西班牙殖民者的刻意摧毁下，玛雅文明更是被彻底破坏，玛雅的落日缓缓熄灭了它最后的余晖。

高度的文明与费解的谜团

这些恢宏建筑最令人费解的是它们的建立——玛雅文明基本上属于石器时代，黄金和铜在古典期之末才开始使用，铁器一直不曾用过；轮子的概念虽然在陶器等文物中出现过，但在现实生活中并没有实用化；连接都市与密林的道路也从没修建，无法运输大型物体；但是，玛雅人却建造了举世震惊的金字塔等巨型建筑，那么，这些巨石是从何而来，又是如何搬运、如何垒砌的呢？

最令人震惊的是，玛雅人竟然还掌握了现代解剖学和光学知识。1927年，

玛雅人的水晶头骨视觉性能独特，从下面射进头骨的光会准确无误地从眼窝处反射出来。

在帕伦克发现的刻有宇航员的石板

科学家在洪都拉斯玛雅神庙中发现一水晶头颅，高12.7厘米，重5.2公斤，大小如同真人头，是依照一个女人的头颅雕成的，非常逼真，外观和内部结构都与人的颅骨骨骼构造完全相符。而且工艺水平极高，隐藏在基底的棱镜和眼窝里用手工琢磨的透镜片组合在一起，可发出炫目的亮光。

众所周知，近代光学产生于17世纪，而人类准确地认识自己的骨骼结构更是18世纪解剖学兴起以后的事。而这个水晶头颅却是在谙熟人体骨骼的构造和光学原理的基础上做成的，1000多年前的玛雅人是怎样掌握这些高深的解剖学和光学知识的呢？

从任何一方面看，玛雅的文化成就都远远超过了它自身的生产力——他们的数学知识足以应付几十亿的大数字运算，却不知怎样称量一袋玉米的重量；高大的庙宇蕴含着精确的天文数据、装饰着美丽典雅的雕刻，但石匠们从没想过要打制一把翻土用的犁铧或锄头……

这使任何人都不能不产生深深的疑问：古代玛雅人究竟是如何得到这些高深知识的？难道它真的是从天而降的文明，是外星人的遗迹？

1952年6月5日，在帕伦克的碑铭神殿里，人们发掘出了一块刻有人物和花纹的石板。当时人们仅仅把这当作是玛雅古代神话的雕刻。但到了20世纪60年代，宇航员乘坐宇宙飞船进入太空后，人们才恍然大悟：帕伦克那块石板上雕刻的，原来是一幅宇航员驾驶着宇宙飞行器的图画！这幅图画的照片被送往美国航天中心时，那些宇航专家们无不为之惊叹，一致认定它就是古代的宇航器，虽然经过了图案化的变形，但宇宙飞船的进气口、排气管、操纵杆、脚踏板、方向舵、天线、软管及各种仪表仍清晰可见。

于是，有些学者提出了一种大胆的看法：在遥远的古代，美洲这片热带丛林里可能有过一批来自外星球的智能生命，他们在玛雅人顶礼膜拜的欢迎中走出自己的飞船，教给了玛雅人历法和天文知识，并向他们展示了自己的运载工具，向他们传授了农耕的各种知识，然后飘然而去。

当然，这种看法无疑带有过多的假说意味，但即使否定了这种说法，也仍然无法圆满地解释玛雅文化那神秘的内涵，那众多令人不可思议的奇迹，以及它突然消失的原因。

文明百科链接

玛雅人的数学成就

玛雅人创造了被称为"人类头脑最光辉的产物"的数学体系。众所周知，发展于印度和中东的现代算术以"十进制"为基础，而玛雅人却早知相对值的用处及二十进位法，他们把大数目以纵行表示，从最下面起朝上念，垂直进位，由一而二十，由二十而四百，由四百而八千，由八千而一万六千……同时，他们还兼而使用18进位计数，这个计数法受何启发，根据何在？没有人能够回答。玛雅人还发明了一种仅使用三个符号——代表一的一点、代表五的一横、代表零的贝形符号——来表示任何数字的计算法。最让人惊叹的是，世界上最早发明"0"的民族就是玛雅人，比阿拉伯商队横越中东的沙漠把这个概念从印度带到欧洲的时候早1000年。

弃城之谜何时能解

公元830年，科潘城浩大的工程突然宣告停工。

公元835年，帕伦克的金字塔神庙也停止了施工。

公元889年，蒂卡尔正建设的寺庙群工程中断了。

公元909年，玛雅人最后一个城市，也停下了已修建过半的石柱……

在公元9—10世纪，散居各地的玛雅人好像不约而同地接到某种指令，抛弃了世代为之奋斗追求、辛勤建筑起来的营垒和神庙，离开了肥沃的耕地，向荒芜的深山迁移，不知所终。而那些废弃的城市则逐渐倾颓，热带雨林卷土重来，草木爬上石阶和窗台，幼树在砖缝里发芽长大，藤棘粗大以后把石块撑裂，再没有人踏上过那些广场的地面和金字塔的石阶。

自那时起，玛雅人的睿智急速消失，开始变得无知与颓废。虽然新的城邦再度建立，但后古典期的玛雅文明再也没有达到昔日的高度。而现在，虽然仍有将近200万玛雅人生活在祖先的土地上，使用着近25种玛雅语，但他们对过往的历史却几乎一无所知，他们和丛林深处的废墟一同缄默着，共同构成了失落文明的遥远背影。

在一个有文字的社会，人类进化的步伐居然戛然而止，只留下些零散的脚印。这让人无比疑惑，更让人扼腕叹息。玛雅人走了，却把一个千古谜题留给了后世。

奇琴伊察城内的"圣井" 它是进行活人祭祀的地方。直径60米的巨大水井里曾出土了令人难以置信的珍宝、金玉饰物，甚至女童的骨骸，作为献给玛雅雨神查克的祭品。

特奥蒂瓦坎：
"众神之城"的迷离消亡

"圣城"建造者的不解之谜

特奥蒂瓦坎古城素有"圣城"之名，是哥伦布发现新大陆前美洲的一个重要政治和宗教活动中心，光辉灿烂的印第安文化之一。它位于墨西哥波波卡特佩尔火山和依斯塔西瓦特尔火山山坡谷底之间，以几何图形和象征性排列的建筑遗址及其庞大规模闻名于世。

公元12世纪，阿兹特克人到达这里时，它已是一座空城。但是，面对如此宏伟壮观的建筑遗迹，阿兹特克人也不禁肃然起敬。他们把这

特奥蒂瓦坎，传说中众神创造的城市。

片广阔的废墟叫作"特奥蒂瓦坎",在印第安语中是"众神信徒得道之地"或"众神之城"的意思。在阿兹特克人的传说中,人类的第四太阳纪结束于一场洪水。洪水过后的世界陷入了漫漫黑夜,众神中的两位神为了解救人类,选择在特奥蒂瓦坎牺牲自己,分别化身为太阳和月亮,帮助人类复兴。所以,特奥蒂瓦坎是传说中第五太阳纪时太阳和月亮的诞生地,世界就是在这里被创造出来的,也只有神才能建造如此雄伟的城市。

最近,考古学家利用碳14对古城内的灰烬和木块进行测定,有人认为整座古城的历史年代,应比目前断定的还要早几百年;也有人认为,特奥蒂瓦坎城的崛起,时间应该更早,约在公元前1500—前1000年之间。还有的学者根据地质资料,将特奥蒂瓦坎建城日期推到公元前4000年之前。

走入黄泉大道

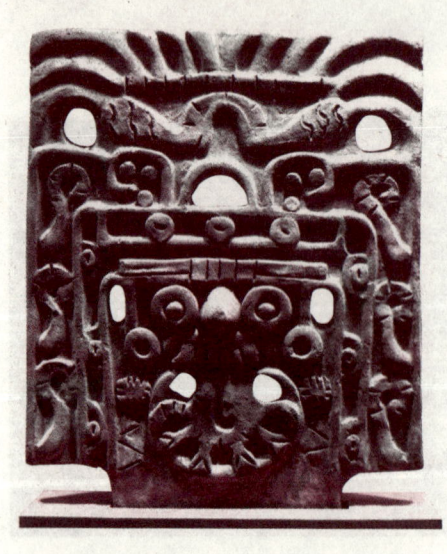

特奥蒂瓦坎人制作的雨神面具

我们都知道,许多的古代城市大都是自然形成的,即使是像罗马或长安那样举世闻名的大都市,也处处可以看见城市布局的不合理之处。然而,让人惊异的是,特奥蒂瓦坎的建筑却处处经过精心设计,全城采取网格布局,构成一个巨大的几何形图案。

特奥蒂瓦坎的黄泉大道（Avenue of dead），又译为死亡大道。

　　从山顶上看，整座城市气势磅礴、规模巨大、中心突出，纵贯南北的黄泉大道就像珍珠引线一样将城市主要建筑连成一体。而之所以有"黄泉大道"这么奇怪的名字，是因为最先来到这里的阿兹特克人认为大道两旁的建筑都是众神的坟墓。

　　黄泉大道长3千米、宽40米。在大道两旁，神殿林立，最北端是月亮金字塔，它西南建有蝴蝶宫。太阳金字塔耸立于黄泉大道东侧，北距水神金字塔700米。塔前广场两侧还建造有许多寺庙、神坛和宫殿。沿黄泉大道南行，终点东侧有一座城堡，著名的羽蛇神庙就坐落在城堡之内。

　　在黄泉大道上，街道的坡度被巧妙地设定为30度，每隔一定距离修建六级台阶和一处平台，从北向南望去，台阶和平台会隐没在精准的坡度差中，仿佛是一条笔直的街道；而从南向北望去，街道上的台阶与3000米以外的月亮金字塔自然相连，融为一体，没有尽头，给人以直逼云天之感。

　　在这里，从设计到施工，每一处台阶、平台的尺寸和间隔都要经过精确的计算，不能有任何偏差，即使是使用了先进仪器的现代城市建设也很难做到这一点，那么，还处在石器时代的特奥蒂瓦坎的建设者又是怎样做到的呢？

1974年，在墨西哥召开的国际美洲人大会上，一位名叫休·哈列斯顿的人声称，他在特奥蒂瓦坎古城找到了一个适合其所有建筑和街道的测量单位。经过使用电子计算机计算，该单位长度为1.059米。例如，特奥蒂瓦坎的羽蛇庙、月亮金字塔和太阳金字塔的高度分别是21、42、63个"单位"，其比例为1∶2∶3。哈列斯顿用"单位"测量黄泉大道两侧的神庙和金字塔遗址，发现了一个更加惊人的情况：这些遗迹的距离，恰好表示着太阳系行星的轨道数据。在城堡废墟中，测得表示地球和太阳的距离为96个"单位"，水星为36，金星为72，火星为144。城堡背后有一条特奥蒂瓦坎人挖掘的运河，运河到城堡的中轴

太阳神石雕

线为288个"单位",正好表示火星和木星之间小行星带的距离。轴线520个"单位"处有一座无名神庙的废墟,这表示从太阳到木星的距离。再过945个"单位",又有一座神庙遗址,这是土星到太阳的距离。再走1845个"单位"就到了"黄泉大道"的尽头——月亮金字塔的中心,这恰恰表示天王星的轨道数据。如果再将"黄泉大道"的直线延长,就到了塞罗瓦戈多山山顶,那里是一座小神庙的地基仍在,其距离为2880个"单位",表示海王星轨道的距离。

如果说这一切都是偶然的巧合,显然令人难以信服;如果说这是建造者们有意识的安排,那么"黄泉大道"显然是根据太阳系模型建造的,这说明特奥蒂瓦坎的设计者们肯定已经了解了整个太阳系的行星运行情况,并懂得了各个行星与太阳之间的轨道数据。

然而,人类在1781年才发现天王星,1846年才发现海王星,那么在混沌初开的史前时代,是哪一只看不见的手,为建造特奥蒂瓦坎的人们指点了这一切"迷津"呢?

金字塔和神庙

在墨西哥城北的广阔高原上,矗立着两座巍峨壮观的金字塔。这就是闻名世界的太阳金字塔和月亮金字塔。人们常说,到中国不去长城等于没到过中国;同样,到墨西哥不去看一看这两座金字塔,也就等于没来过墨西哥。

太阳金字塔

太阳金字塔大约完成于公元2世纪,但它始建于什么年代,却无人知晓。其塔高65米,底部面积为222×265米,总体积约为100多万立方

太阳金字塔

米，比举世闻名的埃及胡夫金字塔还大。更令人惊讶的是，它的底边周长与塔的高度之比为 4π，而埃及大金字塔的底边周长与塔高之比为 2π。这里 π 的使用，不仅表现了其建造者高深的数学智慧，而且使人想到这两座远古时代伟大建筑设计者的某种相通之处。它们是来自于同一种远古智慧的传承吗？

太阳金字塔外部以打磨平整的红色火山岩石砌成，其正面筑有数百级石阶通到塔顶，台阶两侧镶嵌彩石和雕刻图案。塔顶的平台上曾建有一座供奉着太阳神的神庙。据18世纪西班牙历史学家考证，当初这座神庙金碧辉煌，高大的太阳神像立在神坛中央，面对东方，当阳光射入庙堂时，太阳神像周身反射着耀眼的光芒，使人肃然起敬。但后来，神庙、神像遭到了彻底拆毁，至今仍无法复原。

太阳金字塔最微妙的地方是，它可以准确地计算春分和秋分的日子，几乎相当于一个巨大的太阳和天文钟。每当春分和秋分时节（3月21日和9月22日），阳光从南往北移动，在中午时金字塔西南的最下一层就

月亮金字塔 坐落于黄泉大道的北端，比太阳金字塔晚建成150年，规模也略小。但由于建在比太阳金字塔更高的地基上，因此两塔顶端的高度处在同一水平线上。

会出现一道笔直的逐渐扩散的阴影，从完全的阴暗到阳光普照，所花的时间不多不少总是66.6秒。而若在春分那一天，在太阳金字塔顶上向南眺望，太阳会在一块标有记号的石头下坠入地平线，分毫不差。

月亮金字塔

月亮金字塔坐北朝南，底边长150米，宽140米，塔高46米，分为五层。它的建筑风格和太阳金字塔一样，但是规模较小，修建时间也较晚。外部叠砌的石块上绘有许多色彩斑斓的壁画，塔前宽阔的月亮广场可容纳上万人。塔身的顶部也是一个平台，但建筑在平台上的神庙和其中供奉的月亮神像却不知所踪。

羽蛇神像

羽蛇神庙

城堡是古城第三座纪念性大建筑物，其内有神庙、住宅、凹陷的广场及其周围的15座金字塔式平台，显然是个举行宗教仪式的地方，著名的奎扎科特尔神庙就坐落在广场中心。奎扎科特尔即阿兹特克语中的"羽蛇之神"，而这座建筑物最为鲜明的特征就是西面墙上的羽蛇头像，故考古学家为其起名为"奎扎科特尔神庙"。

特奥蒂瓦坎的玉石面具，上面镶嵌着绿松石和贝壳等。

现存的羽蛇神庙早已倒塌，只剩下底座——一座造型优美的六层棱锥形建筑，但仅仅这一个底座的豪华精美和雍容华贵就使专家们惊叹不已。它的每一层都有众多的羽蛇头像和雨神头像石雕间隔排列。蛇身是浅浮雕，蜿蜒在石板上，雕刻风格粗犷，形象栩栩如生，其工艺的精致就像一个模子铸出来的一样，使人无法相信这些仅仅是靠使用石制工具加工的产品。庙基上还刻着许多精美的图案和怪异的象形文字。

绚烂归于沉寂，留下千古之谜

千年时光的流逝，未能驱散笼罩在特奥蒂瓦坎城上的神秘和悬念，面对着重重迷雾，有人认为特奥蒂瓦坎文明的消失可能源于天灾、饥馑、瘟疫，或者是北方部落的入侵。但是，由于没有文字记载，哪一位考古学家也不能做出准确的回答。

文明百科链接

发达的手工业与贸易

　　特奥蒂瓦坎是个依靠贸易发展起来的等级森严的社会，由神权政府管理，并按人们的职业清楚地划分社会阶层：陶工、油漆匠、宝石抛光工、农民、渔民等等。城市的财富来源于丰富的黑曜岩矿和肥沃的土地，主要经济活动是手工业，手工艺品美观大方，富有想象力。特奥蒂瓦坎城被人称为"陶工之都"，出产大量陶罐、火盆等各种各样的陶器，以品质纯美、花样繁多著称；还用模子制造成千上万的小塑像，使用浮雕、直接上色和类似景泰蓝的珐琅彩釉等不同的制作方法。其中最具特色的产品是鼎状陶罐，有三只扁足，罐口有盖。他们的这种陶器手工业，使中美洲各地的贸易广泛发展起来。

阿兹特克文明：
辉煌而血腥的奇特文化

从记忆中复苏的伟大帝国

1790年，墨西哥城的一个炎热下午，天色已近黄昏，在市中心宽阔的扎卡罗广场上，工人们正在紧张地劳作着，准备兴修一个地下排水系统。尘土飞扬的沟渠两旁堆满了刚挖出的新土，夏日的余晖在土堆后投下长长的影子，人们一边干活一边不时地聊上两句。

突然，一声金属撞击石头的清脆声响引起了人们的注意，原来，有个工人挖土时碰到了一块大石头，大伙齐心协力彻底清除了它上面的泥土，尘埃散尽后，人们不由得屏住了呼吸——这块石头分明是一尊造型怪异的雕像，带爪的四肢，毒蛇盘绕而成的裙子，颈部以上是两个相向张开大嘴的

著名的阿兹特克"太阳之石" 记录阿兹特克历法的石碑，用整块玄武岩雕成，直径为3.58米，重约24吨，于18世纪末重见天日。

蛇头，最恐怖的是其胸部挂着一个牙关紧咬的人头骨，头骨上挂着一串用心脏和像是刚砍下来的人手穿成的项链。

不久，人们在广场附近大教堂的一根柱石底下，又发现了一个硕大的石盘，灰黑色的玄武岩浮雕圆面当中是一张伸出匕首状舌头的人脸，人脸的周围被饰以一圈圈令人费解的几何图案，人们给它取名为"太阳之石"，部分原因是因为它酷似一面日晷。

阿兹特克的女神考特利秋（Coatlicue）石像

1791年，在广场的西北角，人们又意外发现了一块磨盘石模样的大型石雕，石雕的环面上刻着一群武士战斗的场面，当时人们推测它是一块用于祭祀的石雕，于是把它叫作"牺牲之石"，现在它被称为"泰佐克之石"。

这些在墨西哥首都中心地带出土的石雕，唤醒了人们对于淡忘已久的阿兹特克古国及其首都特诺奇蒂特兰城的回忆，使18世纪的墨西哥，乃至于全世界都为之震惊！

在人类历史上，曾有很多古老的帝国湮灭在人们的记忆之中，但很少有哪一个国家像阿兹特克帝国那样遭到突如其来的灾祸而迅速覆亡，而且仅仅过了几代人，昔日的辉煌就被人们彻底地遗忘，甚至没有人能确切地知道帝国首都的中心位置在什么地方。

不过，这些引人入胜的发现，还是极大地激发了欧洲的学者、收藏家和业余考古学者们的兴趣，但可惜的是，他们无法接近这些古董——日渐衰败的西班牙帝国严禁任何外国人在其新大陆的领地内旅行。结果，欧洲几乎无人能够获取这些文物的第一手资料。

时任墨西哥总督的西班牙人对这些石雕也怀有很大的兴趣，他下令将最先挖掘出的怪异雕像就近运往当地的大学，在那里对石雕进行称量，并把它的外观绘制成图。后来，学者们花了一个世纪的时间，才终于弄明白这个石雕是阿兹特克人掌管生死的女神考特利秋。

1821年，墨西哥赢得了独立，通往阿兹特克的大门从此打开，一时间，欧洲的旅行家、科学家和冒险家们云集墨西哥，他们带回了不少关于阿兹特克的传奇故事、成卷的画册和一车车买来或偷来的工艺品，但其中许多故事纯属臆造，大多数画册也并不够精美。

对于阿兹特克文明的系统研究，直到19世纪末才在学术界占有了一席之地，安东尼·珈玛——这位具有非凡洞察力的天文和考古学家是此领域的奠基人。通过对太阳之石的深入研究，他发现了许多阿兹特克人的宇宙观，尽管他的一些观点后来被证明是不正确的，但他确实证明

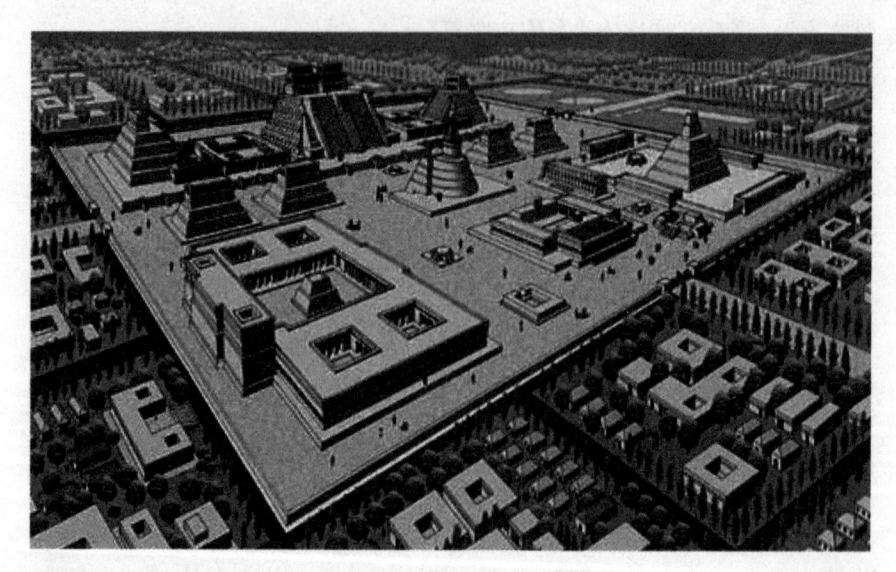

特诺奇蒂特兰城复原图 这座城市曾经是世界上最大和最美丽的城市之一。

了阿兹特克族是一个有着丰富的天文学知识的民族。

安东尼的发现推动了当时进展缓慢的研究工作，陌生的阿兹特克文明重新被人们所了解，人类学、历史学和语言学工作者们开始在各种历史档案中系统地寻找那些自称为西西卡人或特诺卡人的古老民族的踪迹——他们曾把中美洲的绝大部分地区牢牢地置于自己的统治之下，他们在墨西哥谷地创造了一个幅员辽阔的伟大帝国。

从蛮荒部落到繁华之都

相传，阿兹特克人所崇拜的太阳神和战神维洛波切特利曾对他们说："你们去寻找一只鹰，它栖息在一株仙人掌上，口中还衔着一条蛇，找到之后，那个地方就是你们居住的地方。"阿兹特克人遵照战神的指示，在墨西哥谷地特斯科科湖畔的一个岛上，果然看到一只鹰叼着一条蛇站在仙人掌上的奇特景象，从此他们便定居下来，建立了自己的村落，称之为"特诺奇蒂特兰"，意为"仙人掌之地"。

这虽然只是个传说，但它说明阿兹特克族并不是墨西哥谷地的原住民，他们是北方贫瘠而居无定所的狩猎民族，讲纳瓦特尔语，称自己为墨西哥人。后来

记载阿兹特克祖先生活的手稿片段。左边的金字塔图案表示他们的居住地，旁边有一男一女两个祭司；驾着小舟的人表现了阿兹特克祖先开始从湖中小岛向外迁徙，留下一串脚印，表明他们走下了湖岸，再后面是他们的住所。

侵入这片墨西哥谷地，征服了原有的居民托尔特克人。

那么，阿兹特克人究竟从何而来？他们的发源地到底在北方的什么地方？在墨西哥发现的古抄本中，阿兹特克人记载了他们来自叫作"阿兹特兰"或"鹭之地"的神秘地方。有人研究认为，"阿兹特兰"位于今墨西哥的墨斯卡系蒂坦岛。而墨西哥的一位考古学家认为，"阿兹特兰"不在今墨西哥境内，而是在美国的加利福尼亚，或新墨西哥，或佛罗里达，甚至可能在亚洲。

考古发现，阿兹特克族约在1276年进入墨西哥谷地，入住查普尔特佩克。好战的他们经常侵扰邻近部落，这些部落愤怒不已，联合起来进行了一次讨伐。结果，阿兹特克族战败，大部分人被俘，小部分人逃到小岛上。被俘的阿兹特克人被带到由托尔特克人的后裔组成的王朝库尔华坎，在库尔华坎的酋长科克斯的监视下生活，后来由于在库尔华坎

阿兹特克人在特诺奇蒂特兰城建造的大神庙遗迹

的一次战役中立功而声誉猛增。约公元1325年，这些阿兹特克人迁往特斯科科湖中的一个小岛上居住，与以前逃至此的人汇合。

而阿兹特克人真正的发展，开始于1427年。当时，阿兹特克人在首领伊兹柯阿特尔的领导下，同德斯科科、特拉科班两个部落组成同盟，三个部落平时各自对立，但在对外关系以及攻守问题上，阿兹特克是其中最强的力量，处于领导地位。这个部落联盟迅速征服了墨西哥谷地的其他城邦，取得了墨西哥谷地的统治权。

1440年，伊兹柯阿特尔的侄子蒙特苏马一世登基，他不断地发动战争，使新帝国的疆域迅速扩展，征服了墨西哥东部和南部的大片区域。其后不到百年的时间里，阿兹特克人先后征服了许多部落。到15世纪末，帝国达到最兴盛时期，全国共有38个省，总人口约1500万，首都特诺奇蒂特兰城人口近25万，城市面积达13平方千米。

1502年，蒙特苏马二世登基，他继承了祖先的争霸大业，到1519年西班牙人在墨西哥湾登陆为止，阿兹特克帝国的势力范围西起图潘河和巴尔萨斯河口，东至现在的塔巴斯克州，成为北美大陆上最强大的帝国，而首都特诺奇蒂特兰也成为当时最繁华的城市。

阿兹特克人以擅长城市建筑而著称，在设计和建筑特诺奇蒂特兰城时充分反映出他们的聪明才智。他们在岛的中央建起庙宇，以此为中心修筑两条南北、东西交叉的大道，城区之内多靠水道交通往来，俨然一座水上城市，难怪欧洲人把特诺奇蒂特兰比作意大利的威尼斯。

城内有两个主要的广场，一个是特拉尔特洛尔科庙广场，另一个是宗教中心广场。巨大的公共建筑物上涂有石膏，白光闪耀，极为醒目。其中最主要的建筑是神庙，在广场中心屹立着20座大小不等的庙宇，被称作美洲金字塔。它们也用石块垒成，但造型与埃及金字塔不同，顶部不是尖的而是平的,四面均是等腰梯形。

在以神庙为主体的建筑群中,还建有国王和贵族居住的许多房屋和宫殿。宫殿四壁饰满羽蛇浮雕,栩栩如生,房间里到处挂满绚丽多彩的地毯和布帘,就连木柱子上都雕满了花鸟虫鱼。在国王就餐的大厅里,还有一扇金制的屏风挡在餐桌前,为的是不让朝臣看见国王进餐的样子。

人祭、战争、奇特的信仰

阿兹特克人具有灵魂永存的信念,认为宇宙万物是由至高无上的神来主宰的。他们继承古代中美洲部落的习俗,除崇拜生殖神外,还崇信自然神,如月神、云神、雨神、玉米神等,其中女神多于男神。部落主神维洛波切特利被视为年轻的战神和太阳的象征,以人血为食。因此,阿兹特克宗教文化的特异习俗之一就是以活人祭祀神灵。

阿兹特克人相信,太阳也是会死的,为了延缓它的衰老和让它不断地发光,必须每天给它喂食人的心脏和血液,使它保持神奇的威力。因此,阿兹特克人总是把活人的心脏放入一个供奉用的罐子里,点燃后举向天空。他们相信,这时

阿兹特克人在特诺奇蒂特兰大神庙举行的祭祀仪式,祭司挖出一个俘虏的心脏,高高举过头顶,鲜血溅满了台阶。

《曼多兹手稿》中的插画 这幅画描绘了阿兹特克武士的形象,上面还用西班牙文做了注解。

会有一个精灵从天空降下,抓住那颗心脏的灵魂,送给太阳吃下去,只有这样,世界才能正常运转,太阳才能升上天空。

阿兹特克人用活人当祭品的数量相当可观,一天之内用掉数千人是常有的事。这些祭物通常被带到大寺庙的顶端(最接近太阳的地方),躺在平石桌上被斩首或剥皮,或是活活被挖出心脏,让血沿着石阶流下。之后,他们的遗体将被抛到石阶下。

大约1487年,阿兹特克国王为了庆祝增建的大神庙的新工程竣工,便召集来全国的俘虏,命令他们排成四行,捆绑着从祭司面前走过,祭司们总共花了4天4夜的时间才将他们全部杀死。据统计,仅是这一场祭祀仪式,就有好几万人被杀,其中大概用了两万颗人的心脏祭神。

这种人祭在我们看来无疑恐怖至极,但阿兹特克的武士们却以献身祭坛为荣。他们相信，战死者、作为牺牲献祭者、经商途中被害的商人的灵魂可升入天国；死于首次分娩的女子即成圣女；其余人死后的灵魂则下到沙漠之底，最终化为乌有。

由于常常需要活人祭祀，所以阿兹特克人不太在乎对附属部落的控制，因为这些部落如果起来反抗的话，正好给予他们在战争中抓获献祭者的机会。在和平时期，他们还会严格安排一些只为作战而作战的"荣冠战争"，目的是考验武士的勇气和战技，同时掳掠献祭者。可见，对阿兹特克人来说，战争不仅是扩充领土、增加财富的手段，也是他们俘虏祭品的途径。

然而，吃尽鲜血的神灵却没有保佑阿兹特克人免遭灭顶之灾，最后一个献祭品死在大寺庙的顶端已经500多年了……但阿兹特克人曾经的血腥残暴、曾经的辉煌繁荣，仍在人们心目中留下了不可磨灭的印象。

石刻艺术与文明成就

阿兹特克人被誉为"伟大的艺术家"，在帝国存在的短短200余年里，他们创造了一大批珍贵的艺术品。德国艺术家杜勒于1520年见到阿兹特克工艺品后感叹地说："我一生从未见过如此能使自己打心底里发出欢呼的东西……我惊奇遥远地方的那些人的聪明才智。"

"太阳之石"上刻画的太阳历

石雕艺术是阿兹特克文明的杰出代表，因此有人把阿兹特克文明称为"石头文明"。阿兹特克人在借鉴了被征服者托尔特克人的雕刻艺术后，立刻将这种艺术与其宗教信仰结合起来，太阳神成为他们石雕艺术的永恒主题。这其中最为重要的就是人们在1790年挖掘出的"太阳之石"，也就是举世闻名的阿兹特克石盘，其中央的形象是太阳神的面部，周围刻着阿兹特克的历法和用以解释宇宙的各种符号与图案。

阿兹特克的金制耳环 可以看出制作非常细致，工艺非常精湛。

阿兹特克人相信，宇宙是以"大循环"的方式运转的，自创世纪以来，宇宙已经历过四个循环周期，每个周期就是一个"太阳纪"。他们认为西班牙人入侵之时，正值人类进入"第五太阳纪"，而第五纪又被称之为"动荡的年代"，因为"这个时期大地会移动，造成无数生灵死亡"。

虽然阿兹特克石盘仅仅是一件平面的石刻，但阿兹特克人对世界的认识远比近代科学兴起之前其他民族对世界的认识要深刻得多。比如，第二个太阳纪人类转化为猴子；第三个太阳纪的天火；第四个太阳纪的大洪水。如果没有对整个人类进化历程的深刻观察，就无法得出这样的认识，而阿兹特克人又是怎么得出来的呢？有人认为，这是一双从太古洪荒的时代起就注视着地球和人类的眼睛所看到的，阿兹特克人虽是这一石盘历书的制造者，但绝不可能是石盘历法中蕴含的思想的创造者——难道它是外星人留下的天文历书吗?

其实,在天文学方面,阿兹特克人根据多年的观察,对天体运行已有一定程度的了解。他们不但测算出了日食和月食发生的时间,而且还记录下了水星、土星、金星等一些肉眼可以观察到的行星的运动周期和轨迹。这表明阿兹特克人具有很高的数学水平,拥有一套精确的计算方法。

阿兹特克人还根据日月运行的规律和季节性的变化,相当精确地制定了自己的历法。一种是"太阳历",一年分18个月,365天,闰年(每四年一个闰年)加一天。第二种是"月亮历",一年为13个月,260天。每52年,两种历法重合一次。阿兹特克人的历法在许多方面都有重要作用:在农业方面,可确定农耕季节,指导农业生产活动;在纪年方面,用于记录历史的发展和历史事件的发生;在祭祀方面,可以确定举行祭祀仪式的日期,指导人们的宗教节日活动;在天文方面,可以

阿兹特克遗址

记录天体运行规律和天文现象。

阿兹特克人还设有各级的学校，不分男女，从孩提时就开始接受自然、历史、法律、宗教、体育、军事和科学以及道德教育。

阿兹特克的毁灭

阿兹特克帝国的发展正处于鼎盛的时期，却遭到了来自大西洋彼岸的侵略者的摧残，这个辉煌文明最后毁于西班牙殖民者之手，阿兹特克发展的历史从此被拦腰截断。

西班牙人很早就开始在墨西哥湾和加勒比海沿岸进行殖民活动。1518年前后，一些西班牙的殖民者在墨西哥沿岸探听到了一些关于阿兹特克帝国的情报，西班牙驻古巴总督贝拉斯克斯

西班牙人荷尔南·科尔特斯（Hernan Cortes），毁灭阿兹特克帝国的入侵者。

对那个充满黄金的天堂向往不已，就决定派科尔特斯为队长对墨西哥进行征服。科尔特斯是西班牙的一个小贵族，曾伙同贝拉斯克斯入侵古巴，是一个野心很大的人。接到这个命令后，科尔特斯马上召集部众，倾其所有家产，把赌注就压在这次远征上。贝拉斯克斯看出了他的野心，怕科尔特

斯一旦羽翼丰满就会难以控制，于是就收回命令，但科尔特斯置之不理，于1519年2月强行出海。科尔特斯登陆后，迅速打败了墨西哥沿岸奋起抵抗的印第安人，并得到了一个印第安女子，这个女子是一个阿兹特克酋长的女儿，她懂玛雅语和阿兹特克语，后改信基督教，取名玛丽娜，她很快又学会了西班牙语，成为科尔特斯在征服过程中的翻译。

阿兹特克帝国最后一位皇帝蒙特苏玛二世画像

1519年4月，科尔特斯沿海岸北驶，两天后到达阿兹特克王国的境内。阿兹特克的国王蒙特苏玛二世早已知道了他的行踪，于是派一些印第安酋长沿途提供科尔特斯的食宿，并派人送来了黄金和各种礼物，希望这样能阻止科尔特斯入侵特诺奇蒂特兰。但这些礼物不但没有消除科尔特斯进攻的计划，反而助长了他侵入阿兹特克帝国的野心和掠夺财物的欲望。1519年11月8日，科尔特斯堂堂正正地进入了特诺奇蒂特兰，还受到了阿兹特克人的欢迎。进城后，西班牙人借口几个西班牙人被阿兹特克人所杀而俘虏了国王蒙特苏玛二世，并在他的王宫内的地下室中大量掠夺财宝。

在1520年的一次阿兹特克人的宗教活动中，西班牙人大肆杀害阿兹特克人，遭到了阿兹特克人的群起反抗，他们将西班牙人的驻地团团围住。1520年6月30日夜，科尔特斯组织突围，狼狈逃出特诺奇蒂特兰城，损失过半。1921年4月18日，科尔特斯再次围攻特诺奇蒂特兰，阿兹特克人在新首领库奥特莫克的领导下进行了英勇的抵抗。8月，西班牙殖民者攻入特诺奇蒂特兰城内，大肆破坏，烧杀抢掠，破坏了这座印第安的著名城市。

这顶冠冕据说是蒙特苏玛二世的王冠，用雀鸟的羽毛编织而成，羽毛下端用小金片固定，显得极其精美而华丽。

阿兹特克人的地穴 这是进行宗教和社交活动的地方。

西班牙人带来的疾病是阿兹特克人的第二个灾难。科尔特斯的一个奴隶患了天花，于是这种疾病就在毫无抵抗病菌能力的阿兹特克人中迅速传播开来，这些新大陆的原住民们不得不为他们多年的与世隔绝付出沉重的代价。对阿兹特克帝国，甚至整个美洲的征服，既是由武力，也是由病菌完成的。

印加文明：
"太阳的子孙"创造的璀璨文化

"美洲罗马"的扩张

南美洲的安第斯高原地区自古以来就是人文荟萃的地方，生活在这里的人们曾先后创造出各种丰富多彩的文化。作为集大成者，印加文明可以说是该地区4000余年文明发展的结晶，是对历史悠久的其他文化的继承和发展。

印加文明是由于印加人建立的印加帝国而得名的。印加国本名叫"塔万廷苏龙"，意为四方之地，首都是库斯科。全国按方位分为四大行政区，西北方位叫钦查苏龙，包括厄瓜多尔、秘鲁北部和中部；西南方位叫库蒂苏龙，包括秘鲁南部和智利北部；东北方位叫安蒂苏龙，包括东部森林和乌卡亚利河一带；东南方位叫科亚苏龙，面积最大，包括现今玻利维亚大部分国土、阿根廷西北山区和半个智利。

而"印加"一词的本来含义是"首领"或"大王"，是塔万廷苏龙的最高统治者。西

印加帝国的统治者帕查库提

西班牙征服者弗朗西斯科·皮萨罗（Francisco Pizarro），出于对黄金的欲望和荣誉的梦想，他带领不足200人就征服了富庶的印加帝国。

班牙殖民者侵入南美后，简单地以"印加"一词指称这里的居民及他们建立的国家，从此相延成习，使用至今。

关于印加人的起源，有着一个美丽的传说：一天，太阳神在德德喀喀湖中小岛上创造了一对儿女，分别命名为曼科·卡帕克和玛玛·奥柳。两人结成夫妻后，带着族人们定居在安第斯肥沃的谷地库斯科，卡帕克教男人们学农事，奥柳教妇女们学纺织，太阳神的子孙们就这样繁衍生息下来。

这虽然是传说，但也反映了部分史实。考古发现，印加人原是生活在德德喀喀湖畔的一个狩猎部落，10世纪以后，他们逐步北迁，一路征战，于1243年来到现今的库斯科，在瓦纳卡里山上扎下营寨。据传，他们此时的首领正是曼科·卡帕克，他带领族人们建立了印加帝国，印加文化也从这个时候开始崛起。从1243年立国到1533年被西班牙摧毁，印加帝国共经历了近300年的发展历程，其间共传12世、13王。

在13、14两个世纪的时间里，印加人开始以首都库斯科为中心不断向外扩张，他们征服了邻近一些部落，将领土扩大到库斯科周围20千米左右的地区。但这也只是小范围的占领，直到印加帝国的第9位统治者帕查库提在1438年登上王位,印加人才真正开始他们的征服霸业。

在帕查库提的统治之下,印加帝国获得了一系列的军事胜利,一支由印加军官和所征服的部落招募的士兵组成的军队,使印加的领土达到了全盛时期的三分之二,北到秘鲁中部高地,南到德德喀喀湖岸。

帕查库提是一个颇富远见的君主。他不仅利用战争获得丰富的资源,而且还借机传播印加的文化和宗教。他还知道,在敌人的眼里印加人被视为可怕的对手,单是利用这种恐惧,不必动用刀枪,可能就足以战胜敌人。所以,他会派遣使者向敌人讲述投降的种种好处,以"太阳神的名义"邀请对手"承认他的霸权地位,他们将会得到礼遇和各种礼物"。结果,和平与礼物的许诺,再加上屠戮的威胁,经常使敌人束手投降。

大约1470年的时候,印加人战胜了位于现在秘鲁北部海岸富有强大的契穆王国。随着这次战役的胜利,南美洲几乎再没有能够挑战印加

印加帝国的古都库斯科遗迹 库斯科建造于11世纪,是美洲最古老的城市之一。

帝国的国家存在，更不用说阻止印加帝国的扩张了。因此，印加帝国的势力很快遍及南美，形成了所谓的南美"文明世界"。

而后，帕查库提的儿子帕克·尤潘基和孙子瓦伊那·卡帕克继承了先祖的宏图霸业，在近百年的时间里，使印加帝国达到极盛，疆域南北长达4800千米，从今天的哥伦比亚境内往南直贯智利中部，东西则由太平洋沿岸延伸入亚马孙丛林，面积达80多万平方千米之广，人口超过1000万，成为南美洲历史上空前的大国。这个强大的印加帝国被后人誉为"美洲的罗马"。

1524年，就在印加帝国处于辉煌鼎盛之时，奇异的谣言传到了印加宫廷："飘浮的城堡"载着白色皮肤的陌生人沿北海岸行驶，这些人脸上长着毛，被称作"长胡子的人们"，他们的出现将使印加帝国走向灭亡。

而与谣言一起传到印加国内的还有征服者们带到美洲的天花，印加人对天花没有免疫力，军队中大批的人死亡，平民一家家地死去，幸

马丘比丘日晷

存的印加人失去了无数亲人、朋友，就连瓦伊那·卡帕克及他可能的继承人也患天花而死。这片土地，刚刚还在悼念死于天花的人们，然而很快又面临着一场内战浩劫。

为争夺印加君主之位，两个皇家兄弟——在北部基多生活的阿达瓦尔帕和在库斯科登基的新君主瓦斯卡展开了一场场血腥的战役，虽然阿达瓦尔帕最后赢得了胜利，但印加帝国却也因此大耗元气。

就在此时，西班牙征服者弗朗西斯科·皮萨罗率领他的军队也到达了印加，他们在印加人猝不及防时突然发动袭击，处死了阿达瓦尔帕，掠夺了印加人无数的黄金和财宝。仅仅一年的时间，1533年，印加帝国大厦就轰然倒塌，同时也宣告了印加文明的终结！

文明百科链接

印加帝国的社会制度

印加帝国是一个奴隶制国家，奴隶主阶级包括印加王、王室贵族、高级官吏和祭司，他们不从事生产劳动，过着骄奢淫逸的生活。印加王被称为太阳之子、神的化身，拥有至高无上的权力，独揽国家一切政治、军事和宗教大权。为了维护自己的统治，印加王建立了以中央集权为中心的政治制度，以首都库斯科为中心，通过各级官吏牢牢地控制着全国。除了政权机构外，印加帝国还拥有一支20万人的训练有素的常备军队，以便对外进行扩张，对内镇压反叛力量。同时还建立了严厉的司法制度，用来维护奴隶主阶级的利益。

消逝在云雾之中的城市——马丘比丘

相传，在西班牙侵略者征服库斯科后，不甘屈服的印加人在安第斯山脉的幽深山谷中建立了另一座城堡——维尔加班巴，他们在半孤立状态中顽强固守着他们衰残的王国近35年之久。300年过去了，传说在时间的消磨中褪色，维尔加班巴逐渐被湮没于高山密林之中。印加帝国最后的城堡究竟何在？这成了许多人关注的重大谜团。

1911年1月，美国耶鲁大学研究拉美史的年轻学者宾海姆率领一支探险队深入安第斯山脉，决心找到维尔加班巴这座古老城市。7月下旬，当宾海姆爬上乌鲁巴姆巴河对岸的山脊顶端时，一座异常宏伟壮丽的古城突然呈现在他的眼前，正如他后来写道："到处都是建造优美的石阶台面，约有100多处。我发现自己面对的是印加最好的石工，几个世纪以来，尽管这宏伟的建筑被树木和苔藓所掩盖，但是树林和藤条的

"云雾中的城市"马丘比丘，坐落在两千多米高的悬崖之上。

背后，那片阴暗的隐蔽地全都是巨大的白色的花岗石造的墙壁，全都经过仔细琢磨，精巧地砌在一起……"

这座古城遗址占地面积约13平方千米，坐落在2450米高的悬崖之上，东北西三面紧挨峭壁，气势磅礴，险峻异常。宾海姆无法得知它的原始名字，就称其为"马丘比丘"，在印加语中意为"古老的山巅"。因为马丘比丘特殊的地理位置，它被人们浪漫地称为"消逝在云雾之中的城市"，但现在宾海姆已经拨开云雾将它呈现给了世人。

经过对遗址的大面积清理，宾海姆相信，这个别具风姿的城堡就是维尔卡班巴城。但现在大多数学者认为，马丘比丘是由印加最伟大的统治者帕查库提修建于1450年，后不知因何被废弃。

看得出来，古城是经过精心规划的，且很可能在设计时使用了泥模或石模。古城遗址外围是开凿山体而修建的层层梯田，为了防止土壤流失，还用石块在这片农业区周围修造了围墙。整个城区则由200座建筑和109个石梯组成，四周环绕着城墙，城内街道依山而铺设，所有建筑物都设置在不同的层面上，相互之间全部用层叠的石梯连接，错落有致，北部多为庄严的宫阙神殿，南部则是作坊、居室和公共场所。

一座巨石砌成的城门——光荣门，矗立在1000千米长的道路尽头，这是整个山城唯一供人出入的城门，居高临下，形势险峻。古城中心的"大广场"，是一处露天的开阔地，当年的印加人可能在这里进行大型聚会，向公众发布通告。

马丘比丘最著名的建筑，是一处"拴住太阳的石桩"，当其他东西都残迹全无时，唯独它能幸存至今。这个被雕琢成多角形的石头，似乎是个复杂的天文装置，可能是用来计算一些重要日期的，如夏至、冬至

马丘比丘城中构造奇特的日神塔

等。据说，印加人每年冬至为祈祷太阳重新回来，会象征性地把太阳拴在石上，这是印加人崇拜日神的一种表现。

而马蹄铁形的日神塔，则可能是印加人举行宗教仪式的地方，建塔的石块块块精工细琢，砌合之处几乎没有缝隙，朝东的一扇窗子更是特殊，在冬至那一天可以抓住太阳的光线。日神塔下有一座皇室的陵墓，是古城最怪异的建筑之一。在洞穴的墙壁上铺着精心制作的石板，穴内坚硬无比的岩石上有雕刻出的宝座和凹室，至于这里葬的是谁，目前无法说清。

城内"三窗神庙"也是马丘比丘重要的圣地，那三扇排成一条直线的窗户，正对着安第斯山脉的层峦叠嶂，再加上屋子中央那一块笔直的长方形的石块，显然有着特殊的宗教意义。每当夏至或冬至时，印加人便在此地举行太阳节的庆典活动。

马丘比丘的建筑物中既有供当地的显贵们居住的房屋，也有在周围农田劳作的普通人居住的民房。不同的是，显贵们居住的是用石头构筑的规模宏大、建造精致的建筑物，而工匠和劳工则在古城中心以外的地方建有矮小粗陋的住房，房顶都是用草铺成的，通常只有一间房来供全家人居住。彼此沾亲带故的家庭都住在环绕在庭院周围的2—8间的小房子里。

让人感到惊奇的是，这座古城的建筑都是用巨型花岗岩石块儿垒砌而成，而且没有使用任何灰浆之类的黏合剂，相

在马丘比丘城中游荡的美洲驼

反，建造者们往往把石块儿切割成各种不规则的形状，然后再把这些石块儿以各种角度连锁拼合，就像拼接玩具那样相互交错地搭建在一起。仔细勘察后发现有的巨石竟有33个角，每一个角度都和毗邻的那块石头上一个相应的角紧密地结合在一起。如此精密的工程，当初的石匠是如何设计，又靠什么工具来加工石块的呢？

更令人难以置信的是这些巨石的运输。考古学家发现，建造这座古城所用的成千上万块花岗岩，来自同一个采石场，它坐落在距离马丘比丘600米以下的山谷里。而当时的印加人不会使用任何车辆，是怎么把这些石块从600米之下的采石场搬运到高山上的呢？其中有好几十块打磨得十分光滑的巨石，重量甚至不下于200吨！同样让人无法理解的是，安第斯山脉的森林中有着取之不尽的木材，为什么马丘比丘的建造者们却放着现成的木材不去使用，而偏要修建耗时而又费力的巨石建筑呢？马

丘比丘古城的石壁上刻着许多符号和标记，至今还没有被破译，没有人知道它们究竟代表着什么。

> **文明百科链接**
>
> ### 印加人的美洲驼
>
> 美洲驼对于古代印加人来说，具有特别重要的意义。印加人还不会使用轮式运输工具。美洲驼背高1.2米，十分健壮，是当地唯一可以当作运输工具的牲畜，每天可以将100磅重的货物运送到32千米远的地方。美洲驼的肉是很好的食物，皮可以做成凉鞋、鼓面和绳子，而它们的粪便则用作取暖和做饭的燃料。因此，美洲驼在印加神话中受到崇拜，在宗教仪式中常常用作祭祀品。而印加国王驯养的纯白美洲驼，也因美丽和稀有，成为皇权的象征。

发达的社会文化，谜样的建筑艺术

印加文明是西班牙人入侵以前，美洲大陆上传统印第安文化的最大中心。古代印加人凭着自己的聪明智慧和辛勤劳动，在安第斯高原创造了一系列惊人的业绩，其发达的社会经济和灿烂夺目的文化艺术无法不让世人惊叹和赞赏。

在农业方面，印加人继承前人成就，在干旱缺水的山区成功修建了非常坚固的水渠和梯田，有些水渠至今还在使用，从而使粮食生产得到稳定发展，保证了非农业人口的需要。印加人培育了大约40多种作物，还饲养骆马和羊驼，成为美洲印第安人中唯一饲养大牲畜的民族。这些动物的饲养，不仅为印加人提供了肉食和毛皮，还为农业生产提供了优质肥料，反过来又促进了粮食产量的提高。

印加人修筑的道路也是举世闻名，四通八达的交通网络，不仅便于印加王室对全国的统治，而且也促进了各地区的联系与文化交流。其中有两条主干道自北向南纵贯全国：一条沿安第斯山而行，从哥伦比亚南部起穿越厄瓜多尔和秘鲁，进入玻利维亚后通向阿根廷，全长达3200千米；另一条沿太平洋岸而行，起自秘鲁西北的通贝斯，全长达2300千米，路面宽达3.5—4.5米。

印加人开垦的梯田，仿佛山坡上巨大的阶梯。

众所周知，要在山峦起伏、沟壑纵横的安第斯山区修筑这样的道路并非易事。由于地形复杂，道路有时盘旋曲折，有时需要开凿阶梯和隧道，有时又要架设桥梁。而印加人尚未掌握拱顶知识，建筑的桥梁主要是吊桥，桥两端立上石柱，用5根粗达40厘米的藤条相连，其中3根铺成桥面，两边各有一根做栏杆，有的吊桥长达60余米。

印加人的金属加工业也很发达，不但懂得金、银、铜、铅、锡、汞的冶炼，还会冶炼各种合金，并知道利用汞来提取纯黄金。印加人认为黄金发出的光泽与太阳的光辉同样璀璨，因此特别钟爱黄金，国内所有的神庙和宫殿都使用了大量的黄金，大多数印加人也都佩戴黄金饰品和收藏黄金。而有关印加遍地黄金的传说，却引起了殖民主义者的占有欲望，最终导致印加国的灭亡。

印加古道 它不仅是运输线，更是人们从库斯科前往马丘比丘的朝圣之路，沿途有古代修筑的哨卡、驿站和祭典中心。此古道在印加帝国的防御与宗教祭典史上有重要地位。

印加人还掌握了许多种金属加工工艺，如铸造、锻打、模制、冲压、镶嵌、铆接、焊接等。有学者认为，印加人的金银艺术品，其技巧可与欧洲文艺复兴时期相类比，其中有一种金蝴蝶的翅膀只有1/10毫米厚，重心找得非常准确，投出后能在空中盘旋。铜及其合金则主要用来制造武器、日用器皿和利刃工具。但印加人也同美洲其他印第安人一样，一直不知道铁。

印加人的纺织技术也达到了较高的水平。早在公元前2000年，他们就会纺纱织布了，且毛织品和棉织品花色多样，色彩调和，制作精细。如1000年前留下来的一块地毯，每英寸含绒纱500根，而欧洲中世纪同类织物却只有100根。在南部沿海皮斯科附近出土的木乃伊套服，被称作是"世界纺织品的奇迹之一"。

印加帝国的制陶业也有所发展，印加人在陶器的制作技术和设计式样等方面不仅吸取了前人及同时期其他地区的经验，而且有进一步的发展，使陶器具有引人注目的

印加银制羊驼和美洲驼 后者发现于德德喀喀湖中小岛的太阳神庙里，身上披着皇家的朱红色地毯，十分惹人注目。

这是一个八岁男孩的木乃伊，他戴着兀鹰羽毛的头饰，身穿羊驼皮斗篷，脸被画成红色，身上的呕吐痕迹表明他是被灌醉后活埋而死的。他身边还有一袋古柯、一个女性人偶、两个美洲驼小雕像和他自己的乳牙、指甲和头发。

磨光技术、雅致的装饰、优美的几何图案和绚丽的色彩。

印加人在音乐、文学方面也有很高造诣。有人认为,印加音乐可与欧洲古代民歌相媲美,甚至更为高超;还有人认为,印加音乐具有亚洲古代音乐的水平和相似的表现手法。印加文学多是口头传说和戏剧,其中最著名的有《奥扬泰》,在西班牙人到来前已广泛流传于中安第斯山区,在殖民时代初又被用克丘亚文字(西班牙传教士创制)写成剧本,在世界古典文学名著中占有重要地位。

印加人不仅在经济、艺术方面达到了较高的发展水平,而且在科学发展上也取得了一定的成就。在医药学方面,印加人的外科手术特别是穿颅术在当时居于世界先进行列,所使用的手术刀主要是一种

印加金人

"T"形铜刀,非常锋利;而对与外科手术相伴而生的麻醉术,印加人也是内行,印加人知道多种草药,如奎宁、可可等。

考古学家在对马丘比丘出土的一个中年女性头骨进行研究后发现,它竟然被实施了很大胆的外科手术——外科医生使用镊子、凿子、锤子和手术刀等器材,通过精确的钻孔、切割、削刮等方式穿过头骨,进行过脑部手术。令人惊讶的是,五六百年前的这位病人大约做了5次这样的手术,每次手术后似乎都痊愈了。

文明百科链接

印加人的木乃伊

　　印加人深信死者会有来世，而来世生命的长短取决于他们遗体保存的情况。印加人用一种防腐香油涂抹尸体，完善了木乃伊的制作技术。从国王到家族长老，所有大人物的木乃伊都被穿上衣服，摆成双手在胸前交叉的坐姿。一些木乃伊保存在干燥的岩洞里，接受人们定期的探视和膜拜，而更重要的木乃伊则会保存在自家的屋里。人们对待木乃伊一如生前，每天定时奉上食水，并且仍然视木乃伊为首长，请他们为自己解惑，裁决争议。遇到重要的节日，这些木乃伊也会被请上特制的木轿椅，由亲友抬着上街，接受人们的膜拜。

　　在天文、历法和数学领域内，印加人也已达到了相当高的水平。在首都库斯科，印加人在城东、城西建有四座天文观象台，中心广场另设一座。根据长期的观测，印加人测得地球运行周期是365天零6小时，并据此制定了太阳历。印加人还有一种历法是阴历，一年包括354天，是根据对月亮的观测结果制定的。而与阿兹特克人和玛雅人不同的是，印加人的数学采用10进位制。

　　印加人的建筑艺术更让世人惊叹，神秘的马丘比丘古城和库斯科的太阳神庙就是其典范。库斯科的太阳神庙被称为"黄金花

印加面具

园"，该神庙不但建筑非常宏伟，全部用巨石砌成，而且墙角用金板贴角，过道用黄金铺就，连门也是用黄金制成的，可以说整个太阳神庙就是一个用黄金堆起来的"金窟"。

为了保卫首都，印加人还在库斯科城周围建起了许多巨石堡垒，其中以萨克塞华曼古堡最为有名。古堡占地约4平方千米，主体由里外三层围墙组成，全用巨型石块堆砌，高18米，最外面的围墙全长达540米，且墙身不是平直的，是呈锯齿状的，共有66个突出的锐角形墙垛，墙垛上的士兵可以利用这种阵地交叉投掷标枪，射杀来犯的敌人。

整个城堡共用了30多万块石料，全部都是重达数十甚至数百吨的巨石，最大的石块高9米、宽5米，约361吨。这些石块被精细地雕成多角形，手法极为轻巧流畅，缝隙之处细如发丝。有些石块不仅凿有台阶和斜坡，而且刻着螺旋形的洞眼，以便与别的石块吻合。

萨克塞华曼城堡经历了漫长岁月的风风雨雨，至今巍然屹立。

库斯科的萨克塞华曼城堡　　"萨克塞华曼"在奇楚阿语中是"山鹰"的意思，它位于库斯科北面，是印加帝国最重要的城堡，也是迄今保存最完好的印加帝国遗迹之一。

1950年，库斯科地区发生强烈地震，许多西班牙时期的建筑轰然倒塌，而萨克塞华曼城堡却安然无恙，令世人叹为观止。但同时也产生了更多的困惑：当初这些建造者是采用什么方法，将这些巨石切割、挪移、倒置并精确地安放在指定的位置呢？

不要说当时的印加人，就是在今天，在全世界所有的地方，恐怕也找不到搬运重达300吨的石块的巨型车辆，更何况还把这些巨石运到蜿蜒陡峭的半山腰，再垒砌成密不透风的石墙，当年的建造者们究竟用什么办法才建成了这座巨石古堡？这实在是一个难解之谜！

印加雕塑

文明百科链接

黄金国的传说

在南美有一个传说中的黄金之国。这个国家被称为埃尔多拉多，意思是"黄金国"。一个叫佩德罗·西蒙的西班牙传教士在17世纪20年代曾写道："在这个地方有一片湖泊，当地部落的首领每年都要坐在一条制作精良的木筏上到湖面上向神灵祈祷。埃尔多拉多人浑身赤裸，从头到脚都涂满了一种黏糊糊的松脂，上面沾满了金粉。在阳光明媚的清晨，他坐船来到湖泊中间，把宝石和黄金撒到水中，向神灵敬献祭品，同时嘴里念念有词。然后，他用类似肥皂一样的草药洗遍全身，身上的金粉便落入水中，整个仪式就结束了。"

奇普——隐藏在绳结中的印加"文字"

印加文明是一种较为成熟的文明形态，在农业、政治体制等方面都较为完备。但遗憾的是，他们还没有自己的文字，处于结绳记事的阶段，而印加人的历史完全靠一代代印加人的口耳相传。16世纪，西班牙殖民者入侵印加后，只发现了结绳记事这一奇怪的交流方式，却无任何文字记载。

神秘的绳结被印加人称为奇普，是用棉线、骆驼或羊驼毛线制成的。在一根主绳上串着上千根副绳。主绳直径通常为0.5—0.7厘米，上面系着很多细一些的副绳，一般都超过100条，有时甚至多达2000条。每根副绳上都结有一串令人眼花缭乱的绳结，副绳上又挂着第二层或第三层更多的绳索，编织形式类似古代中国人的蓑衣。在目前所发现的大约700个奇普中，大多数都是公元前1400年到1500年间打的结，其中也有一部分只有1000年的历史。大量的奇普都在当年被西班牙人烧毁了，到现在保存下来的奇普只有600多个。

印加人用来记录和统计的绳结"奇普"，其确切的意义也许只有绳结的设计者才能解释清楚。

最初，科学界认为这些绳子只是一种保存记忆的设备，一种个人化的记忆辅助工具，而没有任何统一的含义。直到1923年，科学史学家利兰·洛克验证了收藏在纽约美国自然历史博物馆的100多个奇普，认为它们是计算结果的记载。洛克发现，表示数字的奇普是水平的，使用的是10进制，在每一根绳子最底层的结代表个位，其他较高层次的绳结则依次代表了10进制的十位、百位、千位等等。在他看来，奇普就像是一种由绳索编制成的算术工具，它们的结就像算盘珠一样能保存计算结果。

印加古城昆卡

书目

001. 唐诗
002. 宋词
003. 元曲
004. 三字经
005. 百家姓
006. 千字文
007. 弟子规
008. 增广贤文
009. 千家诗
010. 菜根谭
011. 孙子兵法
012. 三十六计
013. 老子
014. 庄子
015. 孟子
016. 论语
017. 五经
018. 四书
019. 诗经
020. 诸子百家哲理寓言
021. 山海经
022. 战国策
023. 三国志
024. 史记
025. 资治通鉴
026. 快读二十四史
027. 文心雕龙
028. 说文解字
029. 古文观止
030. 梦溪笔谈
031. 天工开物
032. 四库全书
033. 孝经
034. 素书
035. 冰鉴
036. 人类未解之谜（世界卷）
037. 人类未解之谜（中国卷）
038. 人类神秘现象（世界卷）
039. 人类神秘现象（中国卷）
040. 世界上下五千年
041. 中华上下五千年·夏商周
042. 中华上下五千年·春秋战国
043. 中华上下五千年·秦汉
044. 中华上下五千年·三国两晋
045. 中华上下五千年·隋唐
046. 中华上下五千年·宋元
047. 中华上下五千年·明清
048. 楚辞经典
049. 汉赋经典
050. 唐宋八大家散文
051. 世说新语
052. 徐霞客游记
053. 牡丹亭
054. 西厢记
055. 聊斋
056. 最美的散文（世界卷）
057. 最美的散文（中国卷）
058. 朱自清散文
059. 最美的词
060. 最美的诗
061. 柳永·李清照词
062. 苏东坡·辛弃疾词
063. 人间词话
064. 李白·杜甫诗
065. 红楼梦诗词
066. 徐志摩的诗

067. 朝花夕拾
068. 呐喊
069. 彷徨
070. 野草集
071. 园丁集
072. 飞鸟集
073. 新月集
074. 罗马神话
075. 希腊神话
076. 失落的文明
077. 罗马文明
078. 希腊文明
079. 古埃及文明
080. 玛雅文明
081. 印度文明
082. 拜占庭文明
083. 巴比伦文明
084. 瓦尔登湖
085. 蒙田美文
086. 培根论说文集
087. 沉思录
088. 宽容
089. 人类的故事
090. 姓氏
091. 汉字
092. 茶道
093. 成语故事
094. 中华句典
095. 奇趣楹联
096. 中华书法
097. 中国建筑
098. 中国绘画
099. 中国文明考古

100. 中国国家地理
101. 中国文化与自然遗产
102. 世界文化与自然遗产
103. 西洋建筑
104. 西洋绘画
105. 世界文化常识
106. 中国文化常识
107. 中国历史年表
108. 老子的智慧
109. 三十六计的智慧
110. 孙子兵法的智慧
111. 优雅——格调
112. 致加西亚的信
113. 假如给我三天光明
114. 智慧书
115. 少年中国说
116. 长生殿
117. 格言联璧
118. 笠翁对韵
119. 列子
120. 墨子
121. 荀子
122. 包公案
123. 韩非子
124. 鬼谷子
125. 淮南子
126. 孔子家语
127. 老残游记
128. 彭公案
129. 笑林广记
130. 朱子家训
131. 诸葛亮兵法
132. 幼学琼林

133. 太平广记
134. 声律启蒙
135. 小窗幽记
136. 孽海花
137. 警世通言
138. 醒世恒言
139. 喻世明言
140. 初刻拍案惊奇
141. 二刻拍案惊奇
142. 容斋随笔
143. 桃花扇
144. 忠经
145. 围炉夜话
146. 贞观政要
147. 龙文鞭影
148. 颜氏家训
149. 六韬
150. 三略
151. 励志枕边书
152. 心态决定命运
153. 一分钟口才训练
154. 低调做人的艺术
155. 锻造你的核心竞争力：保证完成任务
156. 礼仪资本
157. 每天进步一点点
158. 让你与众不同的8种职场素质
159. 思路决定出路
160. 优雅——妆容
161. 细节决定成败
162. 跟卡耐基学当众讲话
163. 跟卡耐基学人际交往
164. 跟卡耐基学商务礼仪
165. 情商决定命运
166. 受益一生的职场寓言
167. 我能：最大化自己的8种方法
168. 性格决定命运
169. 一分钟习惯培养
170. 影响一生的财商
171. 在逆境中成功的14种思路
172. 责任胜于能力
173. 最伟大的励志经典
174. 卡耐基人性的优点
175. 卡耐基人性的弱点
176. 财富的密码
177. 青年女性要懂的人生道理
178. 倍受欢迎的说话方式
179. 开发大脑的经典思维游戏
180. 千万别和孩子这样说——好父母绝不对孩子说的40句话
181. 和孩子这样说话很有效——好父母常对孩子说的36句话
182. 心灵甘泉